COLEÇÃO
VERSOS DO
VASTO
MUNDO

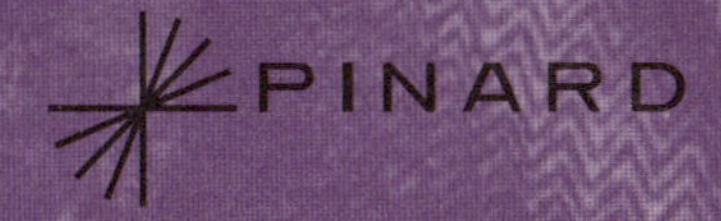

TRADUÇÃO Leo Gonçalves

Langston Hughes

O negro declara e outros poemas

Sumário

Arte de dizer – “dizer o sobressalto”

RICARDO ALEIXO

Antes de mais nada, força é saudar a editora Pinard pela ousadia de oferecer ao cada vez maior público leitor de poesia no Brasil esta seleta de poemas de Langston Hughes coligidos e traduzidos com raras competência e sensibilidade por Leo Gonçalves, um dos poetas mais empenhados, hoje, em fazer soar em "pretuguês", para lembrar a filósofa e feminista negra Lélia Gonzalez, algumas das principais correntes poéticas do Atlântico Negro. Dupla ousadia, portanto, uma vez que o projeto foi confiado a um poeta e tradutor que sabe o quanto ainda há a ser feito no tocante à instauração, em nosso país, de um debate sobre as poéticas afro-atlânticas que descarte o nível raso das cômodas e simplórias perorações sobre a tríade "identidade" (reduzida, de modo perverso, à dimensão de "identitarismo"), "lamento" e "protesto" e, com isso, nos leve a apreciações mais abalizadas, criteriosas e eticamente responsáveis das sofisticadas sendas de experimentação estética abertas no interior das comunidades da afro-diáspora desde os primeiros anos do século XX.

Para se ter uma ideia de como a questão em tela era tratada no Brasil de décadas atrás, reproduzo a menção feita pelo poeta e crítico Mário Faustino a Langston Hughes, no ensaio "A poesia concreta e o momento poético brasileiro", que integra a coletânea *Poesia-experiência*. Faustino apresenta "Langston Hugles" (sic) como único exemplo do "mau gosto de certas escolhas" de Manuel Bandeira como tradutor. É curioso que a um poeta e crítico tão devotado à causa de uma poesia aberta ao diálogo com as outras artes e à discussão dos problemas das poéticas do seu tempo tenha escapado a relevância de Langston Hughes. O erro na grafia do nome do poeta estadunidense bem pode ter sido proposital – para frisar a "dificuldade" de Faustino na lida com uma poesia que em nada lembrava as vertentes da poesia da antiguidade, as do alto modernismo e as que emergiram a partir das décadas de 1950 – pelas quais ele se batia em sua, de resto, admirável militância poética.

Cito esse "gesto" (político) de Faustino com a única finalidade de apontar o quanto o Brasil literário encontrava-se preso, naqueles anos de interdição do debate aberto sobre a questão racial, a uma visão "brancocêntrica" da poesia. O silêncio acerca da obra de Hughes, interrompido só por traduções pontuais (nada memoráveis), é comparável à escassez de estudos sobre poetas como Aimé Césaire, René Depestre, Amiri Baraka, Léopold Sédar Senghor, Nicolás Guillén, Maya Angelou, Audre Lorde, Derek Walcott e Wole Soyinka, para nos restringirmos a uns poucos nomes cujas obras ultrapassaram os limites dos países de que procedem – e sem falar, ainda, de brasileiros como Cruz e Sousa, Luiz Gama e Solano Trindade, entre outros.

Este escrito, porém, quer tratar é do que não é silêncio (tema e título de um dos mais instigantes e bem realizados/traduzidos poemas presentes neste volume: "Capto o ritmo/ Do seu silêncio/ Antes da sua fala. //Não preciso/ ouvir palavra.// A nota que caço/ Quando você cala/ Soa clara."). O assunto central, aqui, é a estupenda *música verbal* praticada por Langston Hughes, que tem muito a ensinar ao pequeno número de poetas que se dedicam, no Brasil de agora, ao estudo da possível coextensividade entre as linguagens artísticas, especialmente no que tange ao estabelecimento de sutis zonas de passagem da palavra escrita para o âmbito vocal.

Em termos teóricos, pode-se dizer que o poeta de *The negro speak of rivers* aciona um duplo movimento criativo: seu texto exibe as marcas da vocalidade que o engendrou; sua voz, mesmo quando parece cantar, logo volta a se aproximar, por uns breves instantes, das inflexões da fala cotidiana, com os padrões rítmicos e cadenciais utilizados pelos *speakers* radiofônicos e pelos pregadores das igrejas negras de permeio, como que a nos mostrar o rol de possibilidades que se abrem, para o poeta-performer, no vasto e complexo percurso que vai da aparente mudez da página impressa ao aparelho fonador e à garganta.

É toda uma concepção da *arte de dizer*, questão historicamente negligenciada, no Brasil, o que nos oferta a poesia de Langston Hughes. Ao se aproximar do blues e do jazz, o poeta tem plena consciência de que é na gênese e nos inúmeros desdobramentos desses gêneros musicais que ele terá que buscar os temas, motivos e procedimentos técnicos e formais para compor a sua poesia que, ao tentar falar o mais diretamente possível com a comunidade, recua, simbolicamente, até aqueles tempos remotos em que seus ancestrais sequestrados no continente africano se empenhavam em firmar os fundamentos de uma nova linguagem em meio à luta diária pela sobrevivência no chamado "Novo Mundo".

"Recuo" talvez nem seja a palavra mais adequada para definir a importância atribuída por Hughes aos *sonic texts* de outros tempos com os quais dialoga. Blues e jazz - e também o gospel e o negro spiritual - não pertencem ao passado, mas a um tempo não mensurável pelo calendário, que é o tempo do comum - da fabulação em torno da ideia de comunidade, essa concentração de *agoras* que bem pode se localizar no que convencionamos chamar de futuro.

Hughes é um poeta da comunidade - tanto da comunidade negra estadunidense - e a da afro-diáspora - quanto da de uma hipotética "comunidade humana", quanto, ainda, de uma noção de comunidade poética que só se realizará plenamente se e quando a poesia reaprender a falar "língua de gente". O negro "fala de rios" porque todo rio é fluxo, é ritmo, é incessante, complexa e inconclusa afirmação da Vida em todas as formas de vida, sempre a agir contra as forças do dinheiro, do poder e da Morte. E se todo rio é, também, memória, os rios da memória serão, para citar Césaire em outro contexto, modos de "dizer o sobressalto" e fazer dele "palavra recuperada como arma milagrosa contra o mundo amordaçado", a par da necessária e terrível observação de que "as mordaças são interiores".

Já a caminho do final deste breve texto introdutório, peço licença para compartilhar com as afortunadas pessoas leitoras que ora têm o seu primeiro contato com a poética hugheseana duas das muitas fontes que me nutriram ao longo da verdadeira jornada iniciática que foi tentar me aproximar de uma obra tão ampla e cheia de pontas soltas: o belíssimo álbum *Harlem In Vogue: The Poetry And Jazz Of The Langston Hughes* e o ótimo livro *Poesia Negra: Solano Trindade e Langston Hughes* (Appris Editora, 2017), de Elio Ferreira de Souza, resultante de sua tese de doutorado, escrita entre os anos de 2002 e 2006. Primeiro, o álbum, que não hesito em definir como um dos mais belos e importantes documentos sobre a "poesia em situação de performance" no século XX. Baseado em gravações realizadas pelo poeta no final da década de 1950, o compositor e crítico musical Leonard Feather e o baixista e compositor Charles Mingus escreveram arranjos, respectivamente, para o All-Star Sextet e para o Horace Parlan Quintet que evidenciam a *intermedialidade* como um princípio definidor do projeto artístico de Hughes (o disco conta, ainda, com a participação, em duas faixas, do quinteto comandado pelo cantor Bob Dorough).

"The Weary Blues", arranjada por Feather, traz uma das mais exuberantes interpretações de Hughes: a entoação dos versos "Droning a drowsy syncopated tune,/ Rocking back and forth to a mellow croon,/ I heard a Negro play" (que Leo Gonçalves traduz como "O sono de um sonzinho sincopado,/ Batendo para dentro e para fora de um cantarolar maduro/ Ouço um Negro tocar"), depois de uma longa e lenta introdução instrumental, nos mostra o quanto a voz, numa performance, é mais que apenas um "suporte" para a transmissão de determinados "conteúdos", como se convencionou dizer nestes tempos de relativização e banalização de tudo o que diz respeito à arte. Se é fato que "(a) voz pronuncia uma escrita e o que faz é projetar nela um reflexo de suas próprias virtudes", conforme anota Paul Zumthor em seu imprescindível *Introdução à Poesia Oral* (Hucitec/EDUC, 1997, trad. Jerusa Pires Ferreira), o que Hughes nos dá é uma real demonstração da voz como escrita, ou, se preferirem, como *vocografia*.

Já o estudo de Souza se destaca não apenas por dar ouvidos ao diálogo enunciado no título do seu livro, mas, também, por lançar luzes sobre outras poéticas afro-atlânticas. São três os capítulos dedicados à análise de tópicos que caracterizam a obra de Langston Hughes. O pesquisador e poeta piauiense relaciona os poemas daquele que escolheu como um de seus predecessores "à alegria de ser negro, à reivindicação dos direitos civis e da América (sic) também para os negros, denunciando a ação terrorista da Ku Klux Klan", como explica no texto de apresentação do seu estudo. Que a referência à "alegria de ser negro" venha em primeiro lugar já é prova da intenção de Edio Ferreira, numa espécie de convite para que contemplemos a poesia de Hughes - e as demais poéticas afro-diaspóricas - desde outros ângulos que não os que o racismo consolidou e que mesmo o chamado "antirracismo" - frágil estratégia discursiva transformada em rótulo e, não raro, em seguras fontes de renda e de votos - reproduz de forma indecorosa, para dizer o mínimo.

Edio vai mais longe: dando como "fato surpreendente, pouco registrado na poesia negra da Diáspora", a auto-definição do poeta de *Im too* como "bonito - belo nos seus próprios versos, algo que estava preso no fundo da consciência reprimida de milhões de negros das Américas", o autor instaura a possibilidade de se ler a "alegria de ser negro" e a contemplação/afirmação da própria beleza (palavra polissêmica) como elementos indissociáveis da infindável luta contra o que, cotidianamente, e em todos os cantos do planeta, violenta e tenta desumanizar, isto é, excluir a população negra do direito ao pertencimento à assim chamada humanidade. Bela é a Vida pela qual se luta, é poder se dizer plenamente - *sobressalto* que aspira à condição de verbo que fluirá, como um rio, na inevitabilidade do encontro com outros rios.

Em algum tempo histórico por vir, quando a poesia deixar de ser o jogo de salão em que foi transformada nesses séculos de predomínio do logocentrismo brancocêntrico e voltar a fazer parte do dia a dia das sociedades humanas, poetas do porte de um Langston Hughes serão reconhecidos como indispensáveis. Que saibamos, enquanto tal dia não chega, reconhecer a importância de termos agora, bem ao alcance dos nossos olhos e ouvidos que pensam e sentem, esta pequena e, ainda assim, muitíssimo preciosa recolha de textos de um dos poetas que mais dignificaram e honraram o nobre ofício ao qual se dedicaram no transcurso de sua existência.

Ricardo Aleixo é poeta, artista e pesquisador das relações entre literatura, outras artes e mídias.
É doutor em Letras pela UFMG, por Notório Saber.

Apresentação

LEO GONÇALVES

Neste momento, não consigo me lembrar o nome de nenhuma outra pessoa, seja quem for que, aos vinte e três anos, tenha tido uma existência tão errante e pitoresca quanto Langston Hughes. De fato, uma narrativa completa de sua confusa, fantástica e prazerosa carreira daria um romance picaresco fascinante, o qual espero que um dia esse jovem Negro escreva antes que tantos acontecimentos tornem difícil a empreitada de capturar todos os episódios dentro dos limites de um único volume.

CARL VAN VECHTEN
New York, 1925

Langston Hughes sempre chegou ao Brasil com um rosto meio obscuro. Não me refiro a sua imagem visual. É que a cada vez que ele é observado, é visto com uma faceta de mistério, alguém que representa algo do qual se distingue pelo mundo das suposições. O poeta do jazz. O poeta do blues. O poeta símbolo da poesia negra estadunidense. Nascido no sul, mas um poeta que representa Nova York como poucos. A voz do Harlem, mas um poeta do mundo. Um poeta do mundo, mas de dicção simples, popular. Um poeta da língua falada, da língua que o povo fala.

Por isso é preciso ler os seus poemas. Cada verso, cada rima, cada brincadeira com as palavras, cada humor ou mau-humor é um modo de olhá-lo no fundo dos olhos, tal como ele fará com você que o lê.

Os poemas de Langston Hughes são profundamente autobiográficos. Mas você não encontrará confissões sobre sua vida pessoal. Ao falar de si mesmo, ele dá voz ao seu povo. O povo negro dos Estados Unidos da América. Cada declaração de amor que ele profere em seus versos é mais uma vez a voz de alguém, uma persona, uma máscara que ele veste, o que não quererá dizer nunca que ele não se apaixonou. Ao ler o poema, vemos duas paixões. A paixão pelo personagem que fala e a paixão pela pessoa amada.

Os poemas de Langston são uma declaração de amor muito única, pessoal mesmo, pelo seu povo.

Nascido na cidade de Joplin, no Missouri, Langston Hughes cresceu numa espécie de vida itinerante de baixo impacto, entre a casa de sua avó em Lawrence, no estado do Kansas. Mas frequentemente voltava a morar com sua mãe, que vivia entre as contingências próprias da pobreza negra dos estados do sul. Carrie Langston Hughes e James Nathaniel Hughes se separaram pouco depois do nascimento do filho. James queria ir viver em outro país, um lugar onde não houvesse linha de cor nem leis segregacionistas. Escapou inicialmente para Cuba e depois passou ao viver no México. Mas Carrie não queria isso. Permaneceu no Kansas em sua vida de lutas por uma vida digna.

Em seu livro *Big sea* (Mar grande), Langston relata que certo dia, seus pais decidiram voltar. Ele havia obtido certo êxito com o que havia planejado. Enviou os recursos para buscar a esposa, a sogra e o filho. Mas pouco depois de ter chegado, um terremoto assustou a cidade do México. As pessoas corriam pela rua. A Ópera Nacional, que estava em construção, desabou por completo e foi engolida pelo chão. Tarântulas começaram a sair pelas paredes. A mãe de Langston se apressou em voltar para o Kansas, "onde as pessoas falam inglês ou algo que ela pudesse entender e onde não há terremotos."

Com tudo isso, Langston passou grande parte de sua infância de sua avó, Mary Patterson Langston, que embora o amasse muito, também vivia engolida pelas contingências da pobreza. Lhe contava histórias. "Nas histórias de minha avó, a vida sempre se movia, se movia heroicamente rumo a um fim. Ninguém chorava nas histórias de minha avó. Eles trabalhavam ou faziam esquemas, ou lutavam. Mas não choravam"*, ele conta.

Embora muito religiosa, seu fervor não transmitiu o mesmo sentimento ao neto. Langston Hughes cresceu com grande respeito pela fé do seu povo, mas não soube crer jamais em nenhum Deus. Seu ceticismo se reflete em diversos de seus poemas, nos quais acusa os deuses de não passarem de bonecos nas mãos do

* Langston Hughes. *The Big Sea*. Nova York: Hill and Wang, 1993 (Todas as traduções citadas deste livro são minhas).

próprio povo, que por sua vez se trata como bonecos dos deuses. Por outro lado, Mary soube incutir em Langston a paixão pelos livros. A tal ponto que eles funcionaram por longo tempo como um consolo para a tristeza: "e eu comecei a acreditar somente nos livros e no mundo maravilhoso de dentro dos livros - onde se as pessoas sofriam, elas sofriam em uma linguagem bonita, não em monossílabos como fazíamos no Kansas"*.

DUPLA CONSCIÊNCIA

Langston Hughes nasceu em 1902. O livro *As almas do povo negro*, de W. E. B. Du Bois foi publicado pela primeira vez em 1903. Há uma linhagem de vozes fundamentais do pensamento negro nos Estados Unidos, que surge em meados do século XIX e desemboca no século XX com imensa força de ação: Frederick Douglass e Booker T. Washington talvez tenham sido as principais vozes negras durante o século em que houve a abolição. Ambos tendo sido pessoas escravizadas, cada qual encontrou seu modo particular de lutar contra a opressão racista no país, ao ponto de Frederick Douglass se tornar o rosto negro mais fotografado do século. Esses pensadores-lutadores seriam os precursores de Du Bois, que obteve bem jovem o privilégio de poder se ausentar do território estadunidense, indo completar seus estudos na Alemanha. Sempre lembrado como Doutor Du Bois, ele é o autor de uma das teorias fundamentais sobre as almas da gente negra. Segundo ele, o negro americano vive tomado de uma espécie de Dupla Consciência. A sociedade norteamericana, fundada em valores europeus e racistas, exige dos negros uma atitude de sobrevivência constante, sempre atentos aos mínimos detalhes, buscam os meios de lidar com constantes olhares, constantes vigilâncias. O tempo todo, parece haver uma tensão na qual o negro parece estar sendo indagado sobre "como é ser um problema?" Problema que é posto por uma sociedade em específico. Não se trata de um problema universal. E esse problema seria o de que aquela pessoa é negra, e talvez não devesse estar ali. O negro que vive sob o signo de uma África perdida, talvez devesse

* Ob. cit.

voltar para a África. Mas não há África. O negro americano é nascido nos Estados Unidos, como era de se esperar. Não há lugar para voltar. E talvez daí venha o motivo pelo qual era comum se ler (se lia em Douglass e em Dubois) autores negros declararem que se sentiam exilados, proscritos em sua própria casa.

Langston era mestiço. A mestiçagem em sua família vinha de longa data. Misturas entre negros e brancos por um lado. Mas declarava que sua avó tinha um rosto indígena, filha que era de uma índia Cherokee e um viajante francês. Uma complexa mestiçagem. Langston tinha a pele mais escura que os brancos e menos negra que os negros. Mas os Estados Unidos são um país de dualidades. E num país assim, quem não é branco é negro. E vice versa. Mas para ser negro, basta uma gota de sangue negro, contada até a quinta geração passada.

JAZZ E O RENASCIMENTO DO HARLEM

O que faz de um negro negro? Seria fácil demais considerar que os bacolejos e as ações racistas é que teriam definido como negro o jovem Langston Hughes. Que seu professor da segunda série no Kansas, que fazia pequenos comentários sobre ele ser negro, teria sido o responsável. Que os garotos da escola, que corriam atrás dele com pedras e que caçoavam dele teriam sido quem o definiu como negro. Cenas racistas terão certamente recheado sua vida. Acontece que toda a questão racial é sempre mais complexa do que parece. Desde jovem, esse mestiço era negro da cabeça aos pés. "Negro como a noite é negra".

Se ser negro era um gesto coletivo, podemos imaginá-lo entre sua gente no decorrer da vida. Estar entre pessoas negras, sempre foi tratado por ele como um modo de ser feliz. "Eles me pareciam as pessoas mais corajosas e alegres do mundo – aqueles Negros dos guetos do sul – enfrentando tremendas dificuldades, trabalhando e rindo, e tentando chegar a algum lugar no mundo"*.

Ele viveu por dois anos no México quando, aos 19 anos decidiu viver em Nova York, contrariando as expectativas de seu pai,

* Idem, p. 94.

que queria enviá-lo para a Europa. Langston Hughes já chegou no Harlem sob certos holofotes. Seu poema "O negro fala de rios", acabara de ser publicado no periódico *Crisis*, um jornal mantido pela NAACP, sob os auspícios de W. E. B. Du Bois em pessoa, e da escritora Jessie Fauset. Seu poema fez sucesso entre os leitores, representando os sentimentos profundos de toda uma geração.

Em 1921, o Harlem já começava a se tornar lendário. Foi naquele ano que entrou em cartaz o espetáculo *Shuffle along*, um musical pioneiro composto inteiramente por pessoas negras. O estilo da peça fez sucesso e há estudiosos que a consideram o ponto de transformação dos musicais da Broadway, o espetáculo que introduziu o jazz na cena novaiorquina.

O Harlem agora era o point. Os negros estavam na moda. Gente branca de toda a cidade vinha se divertir nas casas noturnas do bairro. O Harlem era o principal refúgio negro dos Estados Unidos, fruto da época chamada de "a grande migração". E os negros já tinham se tornado proprietários de grande parte dos estabelecimentos dali. Os músicos de jazz deixavam os habitués pirados. O público negro que também frequentava aquilo também enlouquecia a cabeça dos visitantes, que os observavam como quem observa um zoológico de figuras exóticas. Toda essa presença branca deixava os negros do Harlem intimidados. A outra faceta da "dupla consciência" é o espaço onde é possível ser aquilo que se é, sem ter que se empertigar diante dos brancos. O negro do Harlem curtia, acima de tudo, estar entre os seus.

Assim é que surgiram as Festas das Casas Alugadas, momento secreto e puramente negro, no qual se festejava e se partilhava, sem que um branco sequer tivesse acesso. Havia ali uma declaração muda de que a ajuda era mútua, pois nessas festas se arrecadava dinheiro para pagar os aluguéis, ao mesmo tempo em que se partilhava de boa música, boa comida, muita dança, muita alegria e arte.

O Harlem era o jazz de Duke Ellington e Fletcher Henderson, com certeza. O Charleston e o teatro de revista, claro. Mas era também a poesia de Claude McKay, Countee Cullen, Sterling Brown, James Weldon Johnson e, a partir de agora, Langston Hughes. Era a prosa de Richard Wright e de Zora Neale Hurston. O cinema de Oscar Micheaux. A pintura de Aaron Douglas e de

Jacob Lawrence. A escultura de Augusta Savage. O pensamento de Marcus Garvey e de Du Bois. A fotografia inigualável de James Van Der Zee. Uma verdadeira festa multiartística, um período de vanguarda que fizeram do antigo bairro situado ao norte da ilha de Manhattan muito mais do que um gueto.

Talvez fosse do Harlem que emanava a alegria vanguardista que assolou a Europa nos anos 1920. Ao menos se pode dizer que sem o Harlem (e o teatro de revista de onde saiu Josephine Baker) não haveria a *Paris é uma festa* de Ernest Hemingway e os *Contos da era do jazz* de Scott Fitzgerald. Não sei dizer ao certo se os salões de Gertrud Stein estavam de todo desconectados dos ecos do Harlem e seus ritmos improvisados. A era do jazz ecoa na música de Stravinsky, na poesia de Oswald de Andrade, na poesia de Paul Éluard, na vida frenética dos anos alegres que foram os 1920.

A arte do Harlem foi a verdadeira festa e uma profunda revolução. Tal como quis o poeta James Weldon Johnson:

> Nós criadores da nova geração negra, queremos exprimir nossa personalidade negra sem vergonha nem temor. Se isso agradar aos brancos, nos rejubilamos bastante. Se não lhes agradar, pouco importa. Nós sabemos que somos belos. E feios também. O tam-tam chora e o tam-tam ri. Se isso agradar às pessoas de cor, ficamos muito felizes. Se não lhes agradar, pouco importa. É para amanhã que construímos nossos templos, templos sólidos como sabemos edificar, e nós nos mantemos retos no cume da montanha, livres em nós mesmos.*

UMA LÍNGUA DA COR

A língua inglesa, especialmente aquela falada nos guetos do norte e do sul da virada do XIX para o XX, era repleta de vocabulários para descrever a pele negra. Adotava-se amplamente a palavra *Negro*, grafada somente nesta forma, sem concordância de gênero ou de número. O termo assim adotado não possuía nenhum sentido pejorativo. Diferente de *Nigger*, esse sim usado pelos racistas e pelos

* John Weldon Johnson citado por Léopold Sédar Senghor em "Três poetas negro-americanos", em *Poesia 45*. Paris: Pierre Seghers, 1945.

escravistas. Negro e nigger têm pronúncias bastante parecida. Por isso, a adoção de *Black* foi ganhando (talvez nessa mesma época) um contorno mais aceitável. Mas também se usava a expressão *Colored* (de cor). A NAACP, por exemplo, uma entidade criada para a luta contra o racismo, que existe ainda nos dias de hoje com esta mesma sigla, e fundada no ano de 1909, tendo à sua frente o próprio Du Bois, traz esse "de cor" em seu nome: National Association for the Advancement of Colored People (Associação Nacional para o Avanço de Pessoas de Cor).

Langston por vezes se vale de outros termos, sempre imitando o modo de se referir do povo negro: *Yellow* é a pessoa negra de pele mais clara. Vermelho também servirá para expressar algo assim, como uma tentativa de encontrar com precisão a cor da pele em uma paleta de palavras. Por fim, se pode falar de alguém que seja *brown*, que nas traduções se convencionou traduzir para *moreno/morena*.

Me parece que essas formas não têm correspondência de mesmo nível em língua brasileira. Mas tentamos manter isso, na medida do possível.

I HAVE A DREAM

Langston Hughes, ao longo de toda a sua vida foi um entusiasta das utopias. Em seus poemas se pode encontrar uma linguagem de otimismo e esperança. Não são poucas as vezes que o vemos falar de liberdade, de amor, de sonho, de paixão. Seus poemas, como sua prosa, possuem um brilho e um sorriso que merecem bem mais que a face obscura de um desconhecido.

Se nos anos 1920 ele foi um símbolo do Harlem, metido numa vida de peripécias e aventuras, tendo circulado o mundo a bordo de navios nos quais prestava serviços, nos anos 1930 ele adere a uma linguagem declaradamente socialista. Ele se apresenta como um poeta proletário. Procura tentar lançar sua voz para os proletários de todo o mundo. Não apenas os negros.

Ele sonhava um mundo de igualdade, no qual o sorriso não precisasse ser apenas o pedaço de uma consciência fragmentada. Seu sonho era o de que o próprio sonho pudesse ser nada mais que um sonho. Mas não se abdicava de erguer-se contra a violência racial que assolava (e que ainda assola) os Estados Unidos e o mundo.

Muitos poemas de Langston exigem que saibamos um pouco dos vocabulários de luta negra americana. Palavras como Jim Crow, Klu Klux Klan, trazidas pela opressão. E palavras como Tio Tom, observadas como ferramentas de consciência racial.

Mas acima de tudo, seus poemas não parecem se preocupar muito com o que pensarão os leitores brancos, sempre ciosos de que digam aquilo que querem ouvir, aquilo sobre o qual não ousam elaborar. Langston fala dos seus e para os seus. Quer gozar do privilégio do olhar e não apenas ser olhado. São poemas negros, que falam da vida do seu povo. Esse povo que ele proclama bonito.

A dupla consciência é uma fonte de sofrimentos psicológicos. Mas ao terminar de lê-lo, temos a impressão de que ele está o tempo todo dizendo ao seu povo para não se deixar dividir, para ser a si mesmos e por inteiro. Que suas vozes não se fragmentem.

Porque somos um povo bonito.

E também somos a América.

ANTOLOGIA

Organizar uma antologia e traduzi-la é um modo pessoal de oferecer caminhos ao público leitor. Por mais que se lute contra essa subjetividade, isso sempre acaba por sobrevir.

A leitura de poesia pode ser, sempre, randômica, aleatória. Mas também pode ser interessante um pouco de organização no caos.

A exemplo da famosa (e talvez a mais conhecida) publicação em inglês de seus poemas, decidi fazer para este livro uma pequena divisão em seções.

O livro começa com uma série (que preferi não explicitar dentro do livro) que eu chamaria de Negro: poemas que mostram o poeta em sua faceta mais fundamental. Aqueles em que ele fala de sua universalidade enquanto pessoa negra, suas travessias pelo mundo, uma voz coletiva e individual ao mesmo tempo.

Em “As almas de meu povo”, reúno os poemas em que Langston dá voz a suas “personas”, os personagens do mundo negro que falam de seus sentimentos, seus blues, seus cantos potentes.

Na sequência, temos as "Noites do Harlem". Poemas que retratam a efervescência de uma época de profundas transformações culturais neste bairro que considero como o cerne das emanações culturais de seu tempo.

O "Banzo Blues" é a combinação de sentimentos. Talvez valesse dizer que o banzo é o blues do Brasil. Não me refiro ao ritmo musical, mas ao sentimento. Uma tristeza profunda. Com a diferença de que o blues tende a ser criativo, pelo menos na ação poética de Langston Hughes, que declara em sua autobiografia que escrevia melhor quando estava triste. Os poemas dessa sequência possuem algo em comum (e lhes são contemporâneos) com os sambas brasileiros da mesma época, aquilo que Augusto de Campos definiu como o bacilo lupicínico. São poemas de dor e de humor. Poemas de amor e de fossa. Poemas que buscam extrair o poético de dentro do próprio sofrimento que é a mera presença de uma vida sob o sol.

A próxima sequência leva o nome de "Eu tenho um sonho". Escolhi esse título, extraído de um poema, por encontrar em vários poemas deste livro um apelo do sonho. Me refiro a duas facetas do sonho. A faceta onírica e a faceta utópica. O sonho como uma tela imaginária. O sonho como um campo de desejos. O "eu tenho um sonho" de Langston antecede em décadas o "I have a dream" de Martin Luther King. E quem poderá dizer que não o terá influenciado?

"Palavras como liberdade". A seção que fecha o livro fala da palavra que aparecerá, provavelmente, com maior frequência entre os poemas deste autor. Verdadeira idiossincrasia, a luta por liberdade é também uma luta pelo fim das opressoras leis Jim Crow, pelo fim do fascismo, pela extinção da Ku Klux Klan. São poemas que evocam a democracia capenga dos Estados Unidos, aquela que não incluía (não inclui) os negros. Mas não apenas. Reservo a essa seção aqueles poemas que declaram o direito à liberdade para todas as pessoas. "Eu também moro aqui", ele diz em um dos poemas, "quero a liberdade tanto quanto você".

MY PEOPLE

The night is beautiful,
So the faces of my people.

The stars are beautiful,
So the eyes of my people.

Beautiful, also, is the sun.
Beautiful, also, are the souls of my people.

MEU POVO

A noite é bonita
Como as faces do meu povo.

As estrelas são bonitas,
Como os olhos do meu povo.

Bonito, também, o sol.
Bonitas, também, as almas do meu povo.

NEGRO

I am a Negro:
Black as the night is black,
Black like the depths of my Africa.

I've been a slave:
Caesar told me to keep his door-steps clean.
I brushed the boots of Washington.

I've been a worker:
Under my hand the pyramids arose.
I made mortar for the Woolworth Building.

I've been a singer:
All the way from Africa to Georgia
I carried my sorrow songs.
I made ragtime.

I've been a victim:
The Belgians cut off my hands in the Congo.
They lynch me still in Mississippi.

I am a Negro:
Black as the night is black,
Black like the depths of my Africa.

NEGRO

Sou Negro:
  Preto como a noite é preta,
  Preto como os abismos de minha África.

Fui escravo:
  Cesar mandou manter limpa sua soleira.
  Eu engraxei as botas de George Washington.

Fui operário:
  De minhas mãos surgiram as pirâmides.
  Eu fiz a argamassa dos arranha-céus de Nova York*.

Fui cantor:
  Ao longo do caminho da África à Georgia
  Levei minhas canções de dor.
  Inventei a língua do *jazz***.

Fui vítima:
  Os belgas deceparam minhas mãos no Congo.
  Estão me linchando até agora no Mississipi.

Sou Negro:
  Preto como a noite é preta,
  Preto como os abismos de minha África.

* No original: "Eu fiz a argamassa do Woolworth Building". Trata-se de um edifício conhecido de Nova York, que possui 58 andares e 241 metros de altura. No início do século XX, era considerado o mais alto edifício do mundo.

** No original: "ragtime". Ritmo dos primórdios do jazz, criado pelo pianista Scott Joplin. De difícil execução, o ragtime soa dançante enquanto o pianista parece brincar com graves e agudos. A troca por "língua do jazz" se dá não só pela sonoridade, como também funciona como uma homenagem à poesia de Langston Hughes, em grande parte escrita em um saboroso inglês jazzístico e negro.

THE NEGRO SPEAKS OF RIVERS

I've known rivers:
I've known rivers ancient as the world and older than the flow
[of human blood in human veins.

My soul has grown deep like the rivers.

I bathed in the Euphrates when dawns were young.
I built my hut near the Congo and it lulled me to sleep.
I looked upon the Nile and raised the pyramids above it.
I heard the singing of the Mississippi when Abe Lincoln went
[down to New Orleans, and I've seen its muddy bosom turn
all golden in the sunset.

I've known rivers:
Ancient, dusky rivers.

My soul has grown deep like the rivers.

O NEGRO FALA DE RIOS

Conheci rios:
Conheci rios tão antigos quanto o mundo e mais velhos que o
[pulsar do sangue humano em suas veias

Minha alma cresceu funda como os rios.

Me banhei no Eufrates quando as manhãs ainda eram meninas.
Construí minha cafua na beira onde o rio Congo vinha me ninar.
Cuidei do Nilo e construí pirâmides em cima.
Ouvi o cântico do Mississippi quando Abraham Lincoln foi a
[Nova Orleans, e vi seu peito de barro dourar tudo na hora
crepuscular.

Eu conheci rios:
Rios antigos, rios de lusco-fusco.

Minha alma se fez funda como os rios.

I, TOO

I, too, sing America.

I am the darker brother.
They send me to eat in the kitchen
When company comes,
But I laugh,
And eat well,
And grow strong.

Tomorrow,
I'll be at the table
When company comes.
Nobody'll dare
Say to me,
"Eat in the kitchen,"
Then.

Besides,
They'll see how beautiful I am
And be ashamed—

I, too, am America.

EU, TAMBÉM

Eu, também, canto a América.

Eu sou o irmão mais preto.
Quando chegam as visitas,
Me mandam comer na cozinha
Mas eu rio
E como bem,
E vou ficando mais forte.

Amanhã,
Quando chegarem as visitas
Me sentarei à mesa.
Ninguém ousará
então,
me dizer,
"Vá comer na cozinha".

Sem contar que
Verão como eu sou bonito
E terão vergonha —

Eu, também, sou a América.

SPIRITUALS

Rocks and the firm roots of trees.
The rising shafts of mountains.
Something strong to put my hands on.

> Sing, O Lord Jesus!
> Song is a strong thing.
> I heard my mother singing
> When life hurt her:

Gonna ride in my chariot some day!

> The branches rise
> From the firm roots of trees.
> The mountains rise
> From the solid lap of earth.
> The waves rise
> From the dead weight of sea.

Sing, O black mother!
Song is a strong thing.

*SPIRITUALS**

Pedras e as raízes firmes das árvores.
A flecha que ascende das montanhas.
Algo forte onde botar as mãos.

Canta, oh Senhor Jesus!
Cantar é uma coisa potente.
Ouvia minha mãe cantar
Quando a vida lhe feria:

Um dia o terei em meu carro, e verás meu zelo!**

Os galhos se erguem
Das raízes firmes das árvores.
As montanhas se erguem
Do sólido colo da terra.
As ondas se erguem
Do peso morto do mar.

Canta, ó mãe preta!
Cantar é uma coisa potente.

* Negro Spirituals é um gênero musical tradicional da Igreja Gospel negra dos Estados Unidos. De ritmo, harmonia e melodias exuberantes, essas músicas-corais costumam acompanhar o sermão e as falas do pastor, dando um toque dançante aos cultos.

** No original: "Gonna ride in my chariot some day!". Trata-se do verso de um conhecido cântico de louvor do *Negro Spirituals* que faz referência ao verso bíblico apresentado em *Reis* 2, 10:16. "E disse: Vai comigo, e verás o meu zelo para com o Senhor. E o puseram no seu carro." (trecho com tradução de Ferreira de Almeida).

LAMENT FOR DARK PEOPLES

I was a red man one time
But the white men came.
I was a black man, too,
But the white men came.

They drove me out of the forest.
They took me away from the jungles.
I lost my trees.
I lost my silver moons.

Now they've caged me
In the circus of civilization.
Now I herd with the many —
Caged in the circus of civilization.

LAMENTO PARA PESSOAS ESCURAS

Uma vez fui um homem vermelho
Mas o homem branco veio.
Eu fui um homem preto, também,
Mas o homem branco veio.

Tiraram-me da floresta.
Me tiraram de dentro da mata.
Perdi minhas árvores.
Perdi minhas luas de prata.

Agora me encarceraram
No circo da civilização.
Me engaiolaram junto à turba —
No circo da civilização.

CROSS

My old man's a white old man
And my old mother's black.
If ever I cursed my white old man
I take my curses back.

If ever I cursed my black old mother
And wished she were in hell,
I'm sorry for that evil wish
And now I wish her well.

My old man died in a fine big house.
My ma died in a shack.
I wonder where I'm gonna die,
Being neither white nor black?

CRUZ

Meu pai é um velho branco
E minha mãe é preta.
Se alguma vez xinguei meu velho branco
Retiro os xingos e fico quieto.

Se alguma vez xinguei minha mãe preta
E pedi que ela fosse para o inferno,
Peço desculpas por esse malvado pedido
E agora lhe desejo tudo de terno.

Meu velho morreu numa casa boa e grande
Mamãe morreu quase sem teto.
Penso onde é que eu vou morrer,
Não sendo nem branco nem preto?

SONG FOR A DARK GIRL

Way down South in Dixie
(Break the heart of me)
They hung my black young lover
To a cross roads tree.

Way Down South in Dixie
(Bruised body high in the air)
I asked the white Lord Jesus
What was the use of prayer.

Way Down South in Dixie
(Break the heart of me)
Love is a naked shadow
On a gnarled and naked tree.

CANÇÃO PARA UMA MOÇA ESCURA*

Em Dixie, no sul profundo
(O coração mais triste do mundo)
Enforcaram minha amada
Numa árvore da encruzilhada.

Em Dixie, no sul profundo
(Corpo roxo pendurado no ar)
Perguntei para Jesus
De que adianta rezar.

Em Dixie, no sul profundo
(O coração mais triste do mundo)
O amor é uma sombra despida
Numa árvore seca e retorcida.

* No original: "Way Down South in Dixie". O primeiro verso de cada estrofe faz referência a "Dixie", uma famosa canção confederada composta por Daniel Decatur Emmet, fundador da primeira trupe de Black Face, os Virginia Minstrels. Ufanista, a canção antiga (que foi repaginada na voz de Elvis Presley, no início dos anos 1970) evoca o apego às terras do algodão. Dixie é um antigo apelido dado aos estados do sul dos Estados Unidos: Texas, Arkansas, Virginia, Louisiana, Mississippi, Tennessee, Alabama, Carolina do Sul, Carolina do Norte, Geórgia e Flórida.

THE NEGRO MOTHER

Children, I come back today
To tell you a story of the long dark way
That I had to climb, that I had to know
In order that the race might live and grow.
Look at my face — dark as the night —
Yet shining like the sun with love's true light.
I am the child they stole from the sand
Three hundred years ago in Africa's land.
I am the dark girl who crossed the red sea
Carrying in my body the seed of the free.
I am the woman who worked in the field
Bringing the cotton and the corn to yield.
I am the one who labored as a slave,
Beaten and mistreated for the work that I gave —
Children sold away from me, I'm husband sold, too.
No safety, no love, no respect was I due.
Three hundred years in the deepest South:
But God put a song and a prayer in my mouth.
God put a dream like steel in my soul.
Now, through my children, I'm reaching the goal.
Now, through my children, young and free,
I realized the blessing deed to me.
I couldn't read then. I couldn't write.
I had nothing, back there in the night.
Sometimes, the valley was filled with tears,
But I kept trudging on through the lonely years.
Sometimes, the road was hot with the sun,
But I had to keep on till my work was done:
I had to keep on! No stopping for me —
I was the seed of the coming Free.
I nourished the dream that nothing could smother
Deep in my breast - the Negro mother.
I had only hope then, but now through you,
Dark ones of today, my dreams must come true: ›

A MÃE NEGRA

Crianças, de novo lhes procuro
Para contar do longo dia escuro
Quando eu tive que atravessar e conhecer
Como é que a raça deve viver e crescer.
Olhem para mim — a noite é da minha cor —
Mas brilho como o sol e como a luz do amor.
Sou a criança que roubaram da areia
Trezentos anos atrás, na África, na minha aldeia.
Eu sou a pretinha que cruzou os mares
Levando em meu corpo as sementes da liberdade.
Eu sou a mulher que carregou no campo
O algodão, o milho e sempre com muito trampo.
Que trabalhou como escrava, surrada
E maltratada por ter uma vida suada —
Os filhos vendidos, o marido vendido, a dor no peito.
Não tive segurança, nem amor, nem respeito.
Trezentos anos nos abismos do sol perdida:
Mas Deus pôs em minha boca uma reza e uma cantiga.
Deus soldou um sonho em minha alma.
Agora, com meus filhos, meu desejo se acalma.
Agora, com meus filhos, jovens e livres, estou feliz:
Terei as bênçãos que me negaram na raiz.
Eu não podia ler. Escrever não podia.
Durante aquela noite eu nada possuía.
Às vezes, o vale era repleto de pranto,
Mas ao longo dos anos caminhei no meu canto.
Às vezes, a trilha era quente com sol,
Mas fiquei firme, trabalhando até o final:
Eu *tive* que seguir firme! Sem direito a retorquir —
Eu era a semente da Liberdade por vir.
Nutri dentro de mim, e pra mim chega
Que nada sufocaria, em mim, a mãe Negra.
Antes era só esperança, mas vocês são demais,
Com vocês, pretos de hoje, meus sonhos serão reais: ›

All you dark children in the world out there,
Remember my sweat, my pain, my despair.
Remember my years, heavy with sorrow —
And make of those years a torch for tomorrow.
Make of my pass a road to the light
Out of the darkness, the ignorance, the night.
Lift high my banner out of the dust.
Stand like free men supporting my trust.
Believe in the right, let none push you back.
Remember the whip and the slaver's track.
Remember how the strong in struggle and strife
Still bar you the way, and deny you life —
But march ever forward, breaking down bars.
Look ever upward at the sun and the stars.
Oh, my dark children, may my dreams and my prayers
Impel you forever up the great stairs —
For I will be with you till no white brother
Dares keep down the children of the Negro Mother.

Todas vocês crianças pretas pelo mundo afora,
Lembrem-se do meu suor, minha dor, meu olho que chora.
Lembrem-se dos meus anos, de duro afã —
E façam deles uma luz para o amanhã.
Façam de meu passado uma estrada para a luz.
Para fora do escuro, da ignorância que reduz.
Ergam alto, para fora de toda nódoa, a minha bandeira.
De pé e livres, sejam minha gente herdeira.
Creiam no certo, não deixem que ninguém lhes prejudique.
Lembrem-se do chicote, do escravista e fiquem
Cientes de que sempre haverá muita peleja e muita lida
Contra quem trava seu caminho e lhes nega a vida —
Mas andem sempre adiante, quebrando barreiras.
Olhem sempre para o alto, para o sol e as estrelas.
Oh, minhas crianças negras, possam meus sonhos e cantorias
Impeli-los a subir sempre as grandes escadarias —
Pois estarei com vocês até ter certeza de que agora chega
Dos brancos espezinharem os filhos da Mãe Negra.

AS I GREW OLDER

It was a long time ago.
I have almost forgotten my dream.
But it was there then,
In front of me,
Bright like a sun —
My dream.

And then the wall rose,

Rose slowly,
Slowly,
Between me and my dream.
Rose slowly, slowly,
Dimming,
Hiding,
The light of my dream.
Rose until it touched the sky —
The wall.

Shadow.
I am black.

I lie down in the shadow.
No longer the light of my dream before me,
Above me.
Only the thick wall.
Only the shadow.

My hands!
My dark hands!
Break through the wall!
Find my dream!
Hel me to shatter this darkness,
To smash this night,
To break this shadow ›

ENQUANTO EU CRESCIA

Foi há muito.
Quase não lembro mais o meu sonho.
Mas na época estava lá,
Bem diante de mim,
Claro como um sol —
Meu sonho.

Foi quando o muro cresceu,
Cresceu lentamente,
Lentamente,
Entre mim e meu sonho.
Cresceu lento, lento,
Sombreando,
Escondendo,
A luz do meu sonho.
Cresceu até tocar o céu —
O muro.

Sombra.
Fico preto.

Me deito na sombra.
Não mais a luz de meu sonho diante de mim,
Acima de mim.
Somente o grosso muro.
Somente a sombra.

Minhas mãos!
Minhas mãos escuras!
Atravessam o muro!
Encontram meu sonho!
Me ajudam a estilhaçar essa escuridão,
A esmagar essa noite,
A partir essa sombra ›

Into a thousand lights of sun,
Into a thousand whirling dreams
Of sun!

Em milhares de lumes de sol,
Em milhares de sonhos girantes
De sol!

DINNER GUEST: ME

I know I am
The Negro Problem
Being wined and dined,
Answering the usual questions
That come to white mind
Which seeks demurely
To Probe in polite way
The why and wherewithal
Of darkness U.S.A.—
Wondering how things got this way
In current democratic night,
Murmuring gently
Over *fraises du bois*,
"I'm so ashamed of being white."

The lobster is delicious,
The wine divine,
And center of attention
At the damask table, mine.
To be a Problem on
Park Avenue at eight
Is not so bad.
Solutions to the Problem,
Of course, wait.

CONVIDADO PARA O JANTAR: EU

Eu sei eu sou
O problema Negro
Sendo bebido e jantado,
Respondendo as perguntas de sempre
Que vêm à mente branca
Que procura recatadamente
Sondar de modo educado
O como e o por quê
Dos Estados Unidos escuros —
Ponderando como as coisas chegaram a esse ponto
Na noite democrática atual,
Murmurando suavemente
Em cima de *fraises du bois*,
"Tenho tanta vergonha de ser branco."

A lagosta está deliciosa,
O vinho está divino,
E o centro das atenções
Na mesa de damasco, sou eu.
Ser um problema na
Avenida Park às oito da noite
Não é tão ruim.
Soluções para o Problema,
É claro, ficam para depois.

STILL HERE

I've been scared and battered.
My hopes the wind done scattered.
Snow has frizz me, sun has baked me.
    Looks like between 'em
    They done tried to make me
Stop laughin', stop lovin', stop livin' —
    But I don't care!
    I'm still here!

AQUI AINDA

Tenho estado com medo e maltratado.
Minhas esperanças o vento dispersou.
Arrepiado pela neve, assado pelo sol.
    Parece que entre eles
    Eles têm tentado fazer
Que eu pare de rir, de amar, de viver —
    Mas eu não ligo!
    Ainda estou aqui!

ME AND THE MULE

My old mule,
He's got a grin on his face.
He's been a mule so long
He's forgot about his race.

I'm like that old mule —
Black — and don't give a damn!
You got to take me
Like I am.

EU E A MULA

Minha velha mula
Faz um risinho de graça.
Ela é mula há tanto tempo
Que esqueceu a sua raça.

Eu sou como aquela velha mula —
Preto — e nem a mínima eu dou!
Você vai ter que me aceitar
Tal como sou.

FIRE

Fire,
Fire, Lord!
Fire gonna burn ma soul!

I ain't been good,
I ain't been clean—
I been stinkin', low down, mean.

Fire,
Fire, Lord!
Fire gonna burn my soul!

Tell me, brother,
Do you believe
If you wanta go to heaben
Got to moan an'grieve?

Fire,
Fire, Lord!
Fire gonna burn ma soul!

I been stealin',
Been tellin' lies,
Had more men
Than Pharaoh had wives.

Fire,
Fire, Lord!
Fire gonna burn ma soul!
I means Fire, Lord!
Fire gonna burn ma soul!

FOGO

Fogo,
Fogo, Senhor!
Fogo vai queimar minha alma!

Não tenho sido bom,
Não tenho estado limpo —
Tenho fedido, tenho sido ímpio.

Fogo,
Fogo, Senhor!
Fogo vai queimar minha alma!

Me diga, irmão,
Você está convencido
Que pra chegar ao céu
Tem que ter choro e gemido?

Fogo,
Fogo, Senhor!
Fogo vai queimar minha alma!

Tenho roubado,
Dito muito caô,
Tenho tido mais homens
Que esposas o faraó.

Fogo!
Fogo, Senhor!
Fogo vai queimar minha alma!
Fogo!
Fogo vai queimar minha alma!

LIFE IS FINE

I went down to the river,
I set down on the bank.
I tried to think but couldn't,
So I jumped in and sank.

I came up once and hollered!
I came up twice and cried!
If that water hadn't a-been so cold
I might've sunk and died.

But it was
Cold in that water!
It was cold!

I took the elevator
Sixteen floors above the ground.
I thought about my baby
And thought I would jump down.

I stood there and I hollered!
I stood there and I cried!
If it hadn't a-been so high
I might've jumped and died.

But it was
High up there!
It was high!

So since I'm still here livin',
I guess I will live on.
I could've died for love—
But for livin' I was born

A VIDA É BOA

Eu desci até o rio
Me sentei sobre sua borda.
Tentei pensar mas não consegui,
Então pulei e me afundei.

Subi uma vez e gritei!
Subi outra vez e chorei!
Se aquela água não fosse tão fria
Eu teria afundado e morrido.

Mas era
Frio naquela água!
Era frio!

Peguei o elevador
Dezesseis andares acima do chão.
Eu pensei no meu amor
E pensei que devia saltar.

Fiquei ali de pé e gritei!
Fiquei ali de pé e chorei!
Se não fosse tão alto
Eu teria saltado e morrido.

Mas era
Alto lá em cima!
Era alto!

Então já que estou aqui vivo,
Acho que vou viver.
Eu podia morrer de amor —
Mas foi pra viver que eu nasci.

Though you may hear me holler,
And you may see me cry—
I'll be dogged, sweet baby,
If you gonna see me die.

Life is fine!
Fine as wine!
Life is fine!

Por mais que você me ouça gritar,
E me ouça chorar —
Eu persistirei, doçura,
Se você for me ver morrer.

A vida é boa!
Boa que afeiçoa!
A vida é boa!

As almas do meu povo

AUNT SUE'S STORIES

Aunt Sue has a head full of stories.
Aunt Sue has a whole heart full of stories.
Summer nights on the front porch
Aunt Sue cuddles a brown-faced child to her bosom
And tells him stories.

Black slaves
Working in the hot sun,

And black slaves
Walking in the dewy night,
And black slaves
Singing sorrow songs on the banks of a mighty river
Mingle themselves softly
In the flow of old Aunt Sue's voice,
Mingle themselves softly
In the dark shadows that cross and recross
Aunt Sue's stories.

And the dark-faced child, listening,
Knows that Aunt Sue's stories are real stories.
He knows that Aunt Sue never got her stories
Out of any book at all,
But that they came
Right out of her own life.

The dark-faced child is quiet
Of a summer night
Listening to Aunt Sue's stories.

AS HISTÓRIAS DA TIA SU

Tia Su tem a cachola cheia de histórias.
Tia Su tem o coração cheio de histórias.
Nas noites de verão no alpendre
Tia Su faz cafuné num menino moreno
E conta histórias.

Escravos negros
Labutando sob o sol quente,
E escravos negros
Andando na úmida noite,
E escravos negros
Entoando cânticos de dor à beira de um possante rio
Misturam-se com doçura
Na caudalosa da voz da Tia Su,
Misturam-se com doçura
Nas escuras sombras que vão e vêm
Nas histórias da Tia Su.

E o menino de rosto negro, ouvindo,
Sabe que as histórias da Tia Su são reais.
Ele sabe que tia Su não catou seus contos
Em um livro, isso não,
São histórias
De sua própria vida.

O menino de rosto escuro faz silêncio
Em uma noite de verão
Ouvindo as histórias de Tia Su.

LAUGHERS

Dream-singers,
Story-tellers,
Dancers,
Loud laughers in the hands of Fate—
    My people.
Dish-washers,
Elevator-boys,
Ladies' maids,
Crap-shooters,
Cooks,
Waiters,
Jazzers,
Nurses of babies,
Loaders of ships,
Rounders,
Number writers,
Comedians in vaudeville
And band-men in circuses—
Dream-singers all,—
    My people.
Story-tellers all,—
My people.
    Dancers—
God! What dancers!
    Singers—
God! What singers!
Singers and dancers
Dancers and laughers.
    Laughers?
Yes, laughers . . . laughers . . . laughers—
Loud-mouthed laughers in the hands
    Of Fate.

RISONHOS

Cantores-sonho,
Conta-casos,
Dançarinos,
Gente risonha nas mãos do Destino —
    Meu povo.
Lava-pratos
Ascensoristas,
Domésticas,
Apostadores,
Cozinheiros,
Garçons,
Músicos,
Babás de bebês,
Estivadores,
Manobristas,
Escrevinhadores de números,
Comediantes de vaudeville
E o pessoal da banda do circo —
Cantoras-sonho todas, —
    Meu povo.
Conta-casos todos, —
Meu povo.
    Dançarinas —
Deus! Que dançarinas!
    Cantoras —
Deus, que cantoras!
Cantores e dançarinos
Dançarinos e risonhos.
    Risonhos?
Sim, e riem, e riem e riem —
Riem risaiadas altas nas mãos
    Do Destino.

SUBWAY FACE

That I have been looking
For you all my life
Does not matter to you
You do not know.

You never knew.
Nor did I.
Now you take the Harlem train uptown;
I take a local down.

ROSTO NO METRÔ

Que toda a minha vida
Eu tenha olhado para você
Pouco te importa
Você não sabe.

Você nunca soube.
Nem eu.
Agora você pega o trem do Harlem pra Cidade Alta;
Eu, já na próxima salto.

AFRAID

We cry among the skyscrapers
As our ancestors
Cried among the palms in Africa
Because we are alone
It is night,
And we're afraid.

MEDO

Choramos entre arranha-céus
Como nossos ancestrais
Choraram entre palmeiras na África
Porque estamos sós
É noite,
E temos medo.

POEM [4]

To the Black Beloved

Ah,
My black one,
Thou art not beautiful
Yet thou hast
A loveliness
Surpassing beauty.

Oh,
My black one,
Thou art not good
Yet thou hast
A purity
Surpassing goodness.

Ah,
My black one,
Thou art not luminous
Yet an altar of jewels,
An altar of shimmering jewels,
Would pale in the light
Of thy darkness,
Pale in the light
Of thy nightness.

POEMA [4]

Ao amado negro

Ah,
Meu preto,
Tu não é bonito
Mas tem
Uma encantadora
Beleza sem par.

Oh,
Meu preto,
Tu não é bom
Mas tem
Uma pureza
bondade sem par.

Ah,
Meu preto
Tu não é luminoso
No entanto um altar de joias
E um altar de joias cintilantes,
Empalideceriam dentro da luz
De teu escuro,
Empalideceriam dentro da luz
De tua noititude.

LULLABY

For a Black Mother

My little dark baby,
My little earth-thing,
My little love-one,
What shall I sing
For your lullaby?

Stars,
Stars,
A necklace of stars
Winding the night.

My little black baby,
My dark body's baby,
What shall I sing
For your lullaby?

Moon,
Moon,
Great diamond moon,
Kissing the night.

Oh, little dark baby,
Night black baby,

Stars, stars,
Moon,
Night stars,
Moon,

For your sleep-song lullaby.

ACALANTO

A uma mãe preta

Meu negrinho bebê,
Minha coisinha da terra,
Meu amorzinho,
O que eu vou cantar
Para te ninar?

Estrelas,
Estrelas,
Um colar de estrelas
Esfriando a noite.

Meu negrinho bebê,
Meu bebê de corpinho preto,
O que eu vou cantar
Para te ninar?

Lua,
Lua,
Lua de diamante,
Beijando a noite.

Oh, negrinho bebê,
Criança da noite preta,

Estrelas, estrelas,
Lua,
Estrelas da noite,
Lua,

Para acalentar seu sono.

MA MAN

When ma man looks at me
He knocks me off ma feet.
When ma man looks at me
He knocks me off ma feet.
He's got those 'lectric-shockin' eyes an'
De way he shocks me sho is sweet.

He kin play a banjo.
Lordy, he kin plunk, plunk, plunk.
He kin play a banjo.
I mean plunk, plunk . . . plunk, plunk.
He plays good when he's sober
An' better, better, better when he's drunk.

Eagle-rockin',
Daddy, eagle-rock with me.
Eagle rockin',
Come an' eagle-rock with me.
Honey baby,
Eagle-rockish as I kin be!

MEU HOMEM

Quando meu homem olha pra mim
Ele me tira o chão.
Quando meu homem olha pra mim
Ele me tira o chão.
Ele tem aqueles olhos de eletrochoque e
O jeito como ele me eletrocuta é tão doce.

Ele sabe tocar banjo.
Deus, ele toca plim, plim, plim, ponto a ponto.
Ele sabe tocar banjo.
Quer dizer plim, plim, plim, ponto a ponto.
Ele toca bem quando está sóbrio
E melhor, melhor, melhor quando está tonto.

Vertigem,
Pai, ele faz vertigem ni mim.
Vertigem,
Vem fazer vertigem ni mim.
Meu gostoso,
Me vertigina que eu quero assim.

NEGRO GHETTO

I looked at their black faces
And this is what I saw:
The wind imprisoned in the flesh,
The sun bound down by law.
I watched them moving, moving,
Like a water down the street,
And this is what moved in my heart:
Their far-too-humble feet.

GUETO NEGRO

Olhei as suas faces Negras
E veja o que eu captei:
O vento aprisionado na carne,
O sol atado por lei.
Assisti seu movimento,
Como água rumo à estrada
E veja o que moveu-se em meu peito:
Sua tão humildissíssima passada.

SOUTHERN MAMMY SINGS

Miss Gardner's in her Garden.
Miss Yardman's in her yard.
Miss Michaelma's at de mass
And I am getting' tired!
Lawd!
I am getting' tired!

The nations they is fightin'
And the nations they done fit.
Sometimes I think that white folks
Ain't worth a little bit.
No, m'am!
Ain't worth a little bit.

Last week they lynched a colored boy.
They hung him to a tree.
That colored boy ain't said a thing
But we all should be free.
Yes, m'am!
We all should be free.

Not meanin' to be sassy
And not meanin' to be smart —
But sometimes I think that white folks
Just ain't got no heart.
No, m'am!
Just ain't got no heart.

A MÃE SULISTA CANTA

Senhora Jardim está no jardim
Senhora Quintas está no quintal.
Senhora Melissa está na missa
E eu estou ficando cansado!
Senhor!
Estou ficando cansado!

Suas nações estão lutando
E suas nações se encaixam.
Às vezes penso que gente branca
Não vale uma caixa.
Não, senhora!
Não vale uma caixa.

Semana passada lincharam um menino de cor.
Numa árvore o penduraram.
Aquele menino de cor não disse nada
Mas todos precisamos ser livres.
Sim, senhora!
Todos nós precisamos ser livres.

Não quero parecer petulante
E não quero parecer esperta —
Mas às vezes eu penso que as pessoas brancas
Simplesmente não têm coração.
Não, senhora!
Simplesmente não têm coração.

MADAM AND HER MADAM

I worked for a woman,
She wasn't mean —
But she had a twelve-room
House to clean.

Had to get breakfast,
Dinner, and supper, too —
Then take care of her children
When I got through.

Wash, iron, and scrub,
Walk the dog around —
It was too much,
Nearly broke me down.

I said, Madam,
Can it be
You trying to make a
Pack-horse out of me?

She opened her mouth.
She cried, Oh, no!
You know, Alberta,
I love you so!

I said, Madam,
That may be true —
But I'll be dogged
If I love you!

MADAME E SUA SENHORA

Trabalhei para uma dama
Que não era mesquinha —
Mas que tinha uma casa de doze
Quartos que eu limpava sozinha.

Café da manhã, almoço
Jantar tudo eu fazia —
Além de cuidar das crianças
De noite e de dia.

Lavar, passar, esfregar,
Passear com o cachorro —
Era demais, tanta coisa
Que eu quase morro.

Eu disse, Madame,
Por que não me larga?
'Cê faz de mim
Seu cavalo de carga.

Ela abriu a boca.
E caiu aos prantos!
Você sabe, Alberta,
Eu te amo tanto!

Eu disse, Madame,
Pode até ser
Mas vou me ferrar
Se eu disser que amo você.

BALLAD OF THE MAN WHO'S GONE

No money to bury him.
The relief gave Forty-Four.
The undertaker told 'em,
You'll need Sixty more

For a first-class funeral,
A hearse and two cars —
And maybe your friends'll
Send some flowers.

His wife took a paper
And went around.
Everybody that gave something
She put 'em down.

She raked up a Hundred
For her man that was dead.
His buddies bought flowers.
A funeral was had.

A minister preached —
And charged
Five To bless him dead
And praise him alive.

Now that he's buried —
God rest his soul —
Reckon there's no charge
For graveyard mold.

I wonder what makes
A funeral so high?
A poor man ain't got
No business to die!

BALADA DO HOMEM QUE SE FOI

Sem dinheiro para o enterro.
Com quarenta a gente tenta.
A funerária avisa: tem erro
Aqui, falta sessenta

Pra um velório de primeira,
Um caixão e a caravana —
E seus amigos quem sabe
Ainda mandam umas cravinas.

A mulher pegou um papel
E saiu pedindo apoio.
Quem pudesse dar uma força
Ela punha em meio ao bolo.

Completou-se então os cem,
Agora enfim todo mundo junto.
Os bróders trouxeram flores.
No funeral desse defunto.

Um pastor veio rezar —
E cobrou mais cinco contos
Pra gabar por ele vivo
Pra rezar por ele morto.

Agora que está enterrado —
Que descanse em paz —
Mas não sobrou nenhum trocado
Pra escrever o "Aqui jaz".

Me pergunto o que é que faz
Um funeral custar tão caro?
Quem é pobre não se meta
Com isso de morrer, meu caro.

AFRO-AMERICAN FRAGMENT

So long,
So far away
Is Africa.
Not even memories alive
Save those that history books create,
Save those that songs
Beat back into the blood —
Beat out of blood with words sad-sung
In strange un-Negro tongue —
So long,
So far away
Is Africa.

Subdued and time-lost
Are the drums — and yet
Through some vast mist of race
There comes this song
I do not understand
This song of atavistic land,
Of bitter yearnings lost
Without a place —
So long
So far away
Is Africa's
Dark face.

FRAGMENTO AFRO-AMERICANO

Tão longe no tempo,
Tão longe
Fica a África.
Sequer memórias vivas
Guardam o que está nos livros de história,
Guardam aquelas que as canções
Voltam a suingar no sangue —
A suingar no sangue com palavras-lamentos
Numa estranha língua desnegra —
Tão longe no tempo,
Tão longe
Fica a África.

Subjugados e desperdiçados
Os tambores — e mesmo assim
Através de vastas névoas de raça
Vai esta canção
Eu não entendo
Este canto de atávicas terras,
Perdido em amargas saudades
Sem lugar —
Tão distante no tempo
Tão distante
Fica o rosto escuro
Da África.

DO YOU RECKON?

Mr. White Man, White Man,
How can it be,
You sleep with my sister,
Yet you won't shake hands with me?

Miss White Lady, Lady,
Tell me, if you can,
Why you hard-work my mother,

Yet take my brother for your man?

White Man, White lady,
What's your story, anyway?
You love me in the night time
And hate me in the day.

Dixie, Dixie, Dixie,
What make you do me like you do?
But I guess if I was white
I would act the same way, too.

VOCÊ ACHA?

Senhor Branco, Senhor Branco,
Quem é que te aguenta?
Você dorme com minha irmã,
Mas sequer me cumprimenta?

Senhora Branca, Senhora Branca,
Me diga, se puder,
Por que você extenua minha mãe,
Mas pega meu irmão para foder?

Senhor Branco, Senhora Branca,
Qual é seu lance, posso saber?
Você me ama durante a noite
E de dia vem com ódio me ver.

Oh meu Sul tão estimado,
Por que faz assim comigo?
Mas eu acho que se eu fosse branco
Faria assim também, meu amigo.

THE WHITE ONES

I do not hate you,
For your faces are beautiful, too.
I do not hate you,
Your faces are whirling lights of loveliness and splendor, too.
Yet why do you torture me,
O, white strong ones,
Why do you torture me?

OS BRANCOS

Eu não te odeio,
Pois suas faces são bonitas também.
Eu não te odeio,
Seus rostos são luzes circulantes de amabilidade e esplendor, também.
No entanto, por que torturar-me,
Oh, fortes pessoas brancas,
Por que torturar-me?

MOTHER TO SON

Well, son, I'll tell you:
Life for me ain't been no crystal stair.
It's had tacks in it,
And splinters,
And boards torn up,
And places with no carpet on the floor —
Bare.
But all the time

I'se been a-climbin' on,
And reachin' landin's,
And turnin' corners,
And sometimes goin' in the dark
Where there aint't been no light.
So boy, don't you turn back.
Don't you set down on the steps
'Cause you finds it's kinder hard.
Don't you fall now —
For I'se still goin', honey,
I'se still climbin',
And life for me ain't been no crystal stair.

MÃE PARA FILHO

Olha, meu fio, vou te dizer:
A vida pra mim não foi uma escada de cristal.
Era cheia de mancha,
E de lasca,
E de borda dobrada,
E de carpete arrancado no chão —
Tosca.
Mas o tempo todo
Eu fui subino nela,
E achano aterrissage,
E dobrano esquina,
Umas vez entrano no escuro
Onde não tinha luz.
Por isso, meu fio, não volte pra trás.
Não desce voltano nos degrau
Cê vai ver que é bem difícil.
Não cai agora —
Que eu ainda tô ino, querido,
Ainda tô subino,
E a vida para mim não é uma escada de cristal.

MIGRATION

A little Southern colored child
Comes to a Northern school
And is afraid to play
With the white children.

At first they are nice to him,
But finally they taunt him
And call him "nigger."

The colored children
Hate him, too,
After awhile.

He is a little dark boy
With a round black face
And a white embroidered collar.

Concerning this
Little frightened child
One might make a story
Charting tomorrow.

MIGRAÇÃO

Uma criança negra do Sul
Vai a uma escola do Norte
E está com medo de brincar
Com as crianças brancas.

Primeiro elas são legais com ele,
Mas finalmente o provocam
E chamam-no de "negrinho".

As crianças de cor
O odeiam, também,
Depois de um instante.

Ele é um menino escuro
Com um rosto redondo e negro
E um colarinho de bordado branco.

Sobre esse
Menino assustado
Alguém há de fazer uma história
Cheia de mapas amanhã.

THE SOUTH

The lazy, laughing South
With blood on its mouth.
The sunny-faced South,
    Beast-strong,
    Idiot-brained.
The child-minded South
Scratching in the dead fire's ashes
For a Negro's bones.

    Cotton and the moon,
Warmth, earth, warmth,
The sky, the sun, the stars,
The magnolia-scented South.
Beautiful, like a woman,
Seductive as a dark-eyed whore,
    Passionate, cruel,
    Honey-lipped, syphilitic —
    That is the South.
And I, who am black, would love her
But she spits in my face.
And I, who am black,
Would give her many rare gifts
But she turns her back upon me.
    So now I seek the North —
    The cold-faced North,
    For she, they say,
    Is a kinder mistress,
And in her house my children
May escape the spell of the South.

O SUL

O preguiçoso, risonho Sul
Com sangue na boca.
O Sul de rosto ensolarado,
    Besta-fera,
    De cérebro idiotizado.
O Sul infantilizado
Coçando-se nas cinzas do fogo morto
Por ossos de Negros.
    Algodão e a lua,
Calor, terra, calor,
E o céu, o sol, as estrelas,
O Sul cheiroso de magnólia.
Lindo como uma mulher,
Que seduz como uma puta de olhos negros,
    Apaixonado, cruel,
    Com lábios de mel, sifilítico —
    Eis o Sul.
E eu, que sou negro, poderia amá-la
Mas ela cospe em minha face.
E eu que sou negro,
Poderia lhe dar muitos presentes raros
Mas ela dá as costas para mim.
    Então agora eu busco o Norte —
    O Norte de rosto gelado,
    Pois ela, eles dizem,
    É uma amante mais bondosa,
E em sua casa minhas crianças
Hão de escapar do feitiço do Sul.

YOUNG SAILOR

He carries
His own strength
And his own laughter,
His own today
And his own hereafter —
This strong young sailor
Of the wide seas.

What is money for?
To spend, he says.
And wine?
To drink.
And women?
To love.
And today?
For joy.
And the green sea
For strength,
And the brown land
For laughter.

And nothing hereafter.

JOVEM MARUJEIRO

Ele leva
Sua própria força
E sua própria risada,
Seu próprio hoje
E seu próprio porvir —
Esse jovem marujeiro forte
Dos mares abertos.

Para que serve o dinheiro?
Para gastar, ele diz.
E o vinho?
Para beber.
E as mulheres?
Para amar.
E o hoje?
Para o júbilo.
E o verde mar
Para a força,
E a terra morena
Para a risada.

E nada no porvir.

JUNOR ADDICT

The little boy
who sticks a needle in his arm
and seeks an out in other worldly dreams,
who seeks an out in eyes that droop
and ears that close to Harlem screams,
cannot know, of course,
(and has no way to understand)
a sunrise that he cannot see

beginning in some other land —
but destined sure to flood — and soon —
the very room in which he leaves
his needle and his spoon,
the very room in which today the air
is heavy with the drug
of his despair.

(Yet little can
tomorrow's sunshine give
to one who will not live.)

Quick, sunrise, come —
Before the mushroom bomb
Pollutes his stinking air
With better death
Than is his living here,
With viler drugs
Than bring today's release
In poison from the fallout
Of our peace.

"It's easier to get dope
than it is to get a job."

VICIADINHO

O menino
que enfia uma agulha em seu braço
e busca uma fuga em outros sonhos mundanos,
que busca uma fuga de olhos cabisbaixos
e orelhas surdas aos gritos do Harlem,
não tem como saber, é claro,
(e não tem como entender)
uma aurora que ele não pode ver
nascendo em alguma outra terra —
mas ao certo destinada a fluir — e muito em breve —
rumo ao mesmo lugar onde ele deixa
sua agulha e sua colher,
o mesmo lugar onde hoje o ar
é pesado da droga
do seu desespero.

(Porém pouco pode
a luz do sol oferecer
a alguém que não viverá.)

Rápido, sol, vem —
Antes que o cogumelo da bomba
Polua seu ar fedorento
Com melhor morte
Que viver aqui,
Com drogas mais vis
Que trazer a dose de hoje
Nas partículas radioativas do veneno
Da nossa paz.

"É mais fácil chapar
Que conseguir um emprego."

Yes, easier to get dope
than to get a job —
daytime or nighttime job,
teen-age, pre-draft,
pre-lifetime job.

Quick, sunrise, come!
Sunrise out of Africa,
Quick, come!
Sunrise, please come!
Come! Come!

Sim, é mais fácil chapar
Que conseguir um emprego —
Emprego diurno ou noturno,
emprego adolescente, pré-rascunho,
pré-vida-vivida.

Rápido, aurora, venha!
Aurora venha da África,
Rápido, venha!
Aurora, venha por favor!
Venha, venha!

Noite do Harlem

HARLEM NIGHT

Harlem
Knows a song
Without a tune —
The rhythm's there:
But the melody's
Bare.

Harlem
Knows a night
Without a moon.
    The stars
Are where?

NOITE DO HARLEM

O Harlem
Conhece uma canção
Sem tom —
O ritmo está lá:
Mas a melodia está
nua.

O Harlem
Conhece uma noite
Sem lua.
    Mas nunca
Sem estrelas.

JAZZONIA

Oh, silver tree!
Oh, shining rivers of the soul!

In a Harlem cabaret
Six long-headed jazzers play.
A dancing girl whose eyes are bold
Lifts high a dress of silken gold.

Oh, singing tree!
Oh, shining rivers of the soul!

Were Eve's eyes
In the first garden
Just a bit too bold?
Was Cleopatra as gorgeous
In a gown of gold?

Oh, shining tree!
Oh, silver rivers of the soul!

In a whirling cabaret
Six long-headed jazzers play.

JAZZONIA

Oh árvore prateada!
Oh rios brilhos da alma!

Num cabaré do Harlem
Seis jazzeiros tocam.
Uma dançarina de olhar corajoso
Ergue seu vestido em seda e ouro.

Oh, árvore cantante!
Oh, rios brilhos da alma!

Será que os olhos de Eva
No jardim primeiro
Tinham uma pontinha dessa coragem?
Cleópatra será que ficava
Tão gostosa num trapo de ouro?

Oh árvore resplendente!
Oh rios prata da alma!

Num rodopiante cabaré
Seis jazzeiros tocam.

DANSE AFRICAINE

The low beating of the tom-toms,
The slow beating of the tom-toms,
    Low . . . slow
    Slow . . . low —
    Stirs your blood.
        Dance!
A night-veiled girl
    Whirls softly into a
    Circle of light.
    Whirls softly . . . slowly,
Like a wisp of smoke around the fire —
    And the tom-toms beat,
    And the tom-toms beat,
And the low beating of the tom-toms
    Stirs your blood.

DANSE AFRICAINE

O batuque grave dos tam-tams,
O batuque lento dos tam-tams,
    Baixo... Lento
    Lento... baixo —
    Mexe o seu sangue.
        Dança!
Uma menina no véu da noite
    Gira suavemente em um
    Círculo de luz.
    Gira suavemente... suavemente,
Como um fio de fumaça em volta do fogo —
    E os tam-tams batucam,
    E os tam-tams batucam,
E o batuque grave dos tam-tams
    Mexe o seu sangue.

A BLACK PIERROT

I am a black pierrot:
    She did not love me,
    So I crept away into the night
    And the night was black, too.

I am a black pierrot:
    She did not love me,
    So I wept until the red dawn
    Dripped blood over the eastern hills
    And my heart was bleeding, too.

I am a black pierrot:
    She did not love me,
    So with my once gay colored soul
    shrunken like a balloon without air,
    I went forth in the morning
    To seek a new brown love.

UM PIERROT NEGRO

Eu sou um Pierrot negro:
Ela não me amou,
Por isso eu me arrastei noite afora
E a noite era negra, também.

Eu sou um Pierrot Negro:
Ela não me amou,
Então eu chorei até a aurora
Derramei sangue sobre as montanhas do oriente
E meu coração estava sangrando, também.

Eu sou um Pierrot Negro:
Ela não me amou,
Então minha alma antes multicor
Murchou como um balão sem ar,
Ao amanhecer saí
À procura de um novo negro amor.

GIPSY MAN

Ma man's a gypsy
Cause he never does come home.
Ma man's a gypsy, —
He never does come home.
I'm gonna be a gypsy woman
Fer I can't stay here alone.

Once I was in Memphis,
I mean Tennessee.
Once I was in Memphis,
Said Tennessee.
But I had to leave cause
Nobody there was good to me.

I met a yellow papa,
He took ma last thin dime.
Met a yellow papa,
He took ma last thin dime.
I give it to him cause I loved him
But I'll have mo' sense next time.

Love, Oh, love is
Such a strange disease.
Love, Oh, love is
Such a strange disease.
When it hurts yo' heart you
Sho can't find no ease.

CIGANO

Meu homem é um cigano
Pois nunca volta para casa.
Meu homem é um cigano, —
Nunca volta para casa.
Vou virar cigana também
Não vou ficar aqui parada.

Certa vez estava em Memphis
Quer dizer Tennessee.
Certa vez estava em Memphis
Digo Tennessee.
Mas tive que ir embora porque
Ninguém era bom para mim.

Encontrei um tio amarelo,
Pegou meu último centavo.
Encontrei um tio amarelo,
Pegou meu último centavo.
Dei pra ele porque o amava
Mas da próxima eu me salvo.

Amor, Oh, o amor é
Uma moléstia esquisita.
Amor, Oh, o amor é
Uma moléstia esquisita.
Se te fere o peito não
Há jeito de ajeitar a vida.

LENOX AVENUE: MIDNIGHT

The rhythm of life
Is a jazz rhythm,
Honey.
The gods are laughing at us.

The broken heart of love,
The weary, weary heart of pain,—
Overtones,
Undertones,
To the rumble of street cars,
To the swish of rain.

Lenox Avenue,
Honey.
Midnight,
And the gods are laughing at us.

AVENIDA LENOX: MEIA-NOITE

O ritmo da vida
É um ritmo de jazz,
Doçura.
Os deuses estão rindo de nós.

O coração partido do amor,
O enfarado coração da mágoa,-
Notas altas,
Notas baixas,
Zoada dos carros na rua,
Cicio do chiado da chuva.

Avenida Lenox,
Doçura.
Meia-noite,
E os deuses estão rindo de nós.

PORT TOWN

Hello, sailor boy,
In from the sea!
Hello, sailor,
Come with me!

Come on drink cognac.
Rather have wine?
Come here, I love you.
Come and be mine.

Lights, sailor boy,
Warm, white lights.
Solid land, kid.
Wild, white nights.

Come on, sailor,
Out o'the sea.
Let's go, sweetie!
Come with me.

PORTO DA CIDADE

Olá, marinheiro,
que vem do mar!
Olá, meu marujo,
Chega pra cá!

Chega mais, tem conhaque.
Também tem vinho, meu amigo?
Chega aqui que eu te amo.
Seja meu, vem comigo.

Luzes, marinheiro,
Calor, luz alva.
Terra firme, moço.
Noite branca, brava.

Se achegue, marujo,
Saia do mar.
Pra gente junto
Se inebriar.

SATURDAY NIGHT

Play it once.
O, play some more.
Charlie is a gambler
An' Sadie is a whore.
    A glass o' whiskey
    An' a glass o' gin:
    Strut, Mr. Charlie,
    Till de dawn comes in.
Pawn yo' gold watch
An' diamond ring.
Git a quart o' licker,
Let's shake dat thing!
    Skee-de-dad! De-dad!
    Doo-doo-doo!
    Won't be nothin' left
    When de worms git through
    An' you's a long time
    Dead
    When you is
    Dead, too.
So beat dat drum, boy!
Shout dat song:
Shake 'em up an' shake 'em up
All night long.
    Hey! Hey!
    Ho . . . Hum!
    Do it, Mr. Charlie,
    Till de red dawn come.

SÁBADO À NOITE

Toca uma vez.
Oh, toca mais, querida.
Charlie é um jogador
E Sadie é mulher da vida.
    Um copo de whisky
    E um copo de gim:
    Se ajeita, Senhor Charlie,
    Que a noite não tem fim.
Aposte o relógio de ouro
E aposte o seu anel
de diamante. Bota uma dose,
Chacoalha esse troço, Deus do céu!
    Esquiridin dum! Dindum!
    Durudu!
    Não vai sobrar nada
    Quando chegarem os vermes
    E você terá muito tempo
    Livre, meu bem,
    Quando estiver livre
    Da vida também.
Então toca esse batuque, garoto!
Grita essa canção;
Chacoalha, chacoalha
Coração.
    Hey! Hey!
    Oh... Sim!
    Vai fundo, senhor Charlie,
    Que a noite não tem fim.

JAZZ BAND IN A PARISIAN CABARET

Play that thing,
Jazz band!
Play it for the lords and ladies,
For the dukes and counts,
For the whores and gigolos,
For the American millionaires,
And the school teachers
Out for a spree.
Play it,
Jazz band!
You know that tune
That laughs and cries at the same time.
You know it.

    May I?
    Mais oui.
    Mein Gott!
    Parece una rumba.
Play it, jazz band!
You've got seven languages to speak in
And then some,
Even if you do come from Georgia.
    Can I go home wid yuh, sweetie?
    Sure.

JAZZ BAND NUM CABARÉ PARISIENSE

Toque aquela,
Jazz band!
Toque para os lordes e as madames
Para os duques e os condes
Para as putas e os gigolôs,
Para os milionários americanos,
E para os professores de escola
Vamos fazer farra.
Toca
Jazz band!
Você sabe aquela música
Que chora e ri ao mesmo tempo.
Você sabe.

  Posso?
  Mais oui*.
  Mein Gott**!
  *Parece una rumba****.
Toca aquela, jazz band!
Você tem sete línguas nas quais falar
E então que tal,
Mesmo se você for da Georgia.
  Posso ti levarr parra casa, lindinha?
  Claro.

* Em francês, no original: "Mas, claro."

** Em alemão, no original: "Meu Deus."

*** Em espanhol, no original.

Banzo Blues

THE WEARY BLUES

Droning a drowsy syncopated tune,
Rocking back and forth to a mellow croon,
    I heard a Negro play.
Down on Lenox Avenue the other night
By the pale dull pallor of an old gas light
    He did a lazy sway . . .
    He did a lazy sway . . .
To the tune o' those Weary Blues.
With his ebony hands on each ivory key
He made that poor piano moan with melody.
    O Blues!
Swaying to and fro on his rickety stool
He played that sad raggy tune like a musical fool.
    Sweet Blues!
Coming from a black man's soul.
    O Blues!
In a deep song voice with a melancholy tone
I heard that Negro sing, that old piano moan —
    "Ain't got nobody in all this world,
        Ain't got nobody but ma self.
        I's gwine to quit ma frownin'
        And put ma troubles on the shelf."

Thump, thump, thump, went his foot on the floor.
He played a few chords then he sang some more—
    "I got the Weary Blues
        And I can't be satisfied.
        Got the Weary Blues
        And can't be satisfied—
        I ain't happy no mo'
        And I wish that I had died."
And far into the night he crooned that tune.
The stars went out and so did the moon.
The singer stopped playing and went to bed ›

COMBALIDO BLUES

O sono de um sonzinho sincopado,
Batendo para dentro e para fora de um cantarolar maduro,
    Ouço um Negro tocar.
Na Avenida Lenox ontem à noite
Na pálida palidez cansada de uma velha lamparina
    Fez um swing preguiçoso...
    Fez um swing preguiçoso...
Na melodia desse Combalido Blues.
Com mãos de ébano em cada tecla de marfim
O pianinho gemia sob sua melodia.
    Oh Blues!
Swingando feito louco em seu minúsculo banco
Ele tocava aquela triste melodia como um palhaço do som.
    Doce Blues!
De dentro da alma de um Negro.
    Oh Blues!
A voz profunda em tom de melancolia
Eu ouvi esse Negro cantar, esse piano gemer —
    "Não tenho ninguém nesse mundo,
        Não tenho ninguém não tenho nada,
        Vou parar de me preocupar
        E botar meus problemas de lado."

Dum, dum, dum, botou seus pés no chão.
Tocou um par de acordes e cantou um pouco mais —
    "Eu tenho meu combalido Blues
        E não me satisfaço.
        Eu tenho meu Combalido Blues
        E não me satisfaço.
        Felicidade foi-se embora
        Que tal morrer agora?"
E fundo na noite ele entoou aquela melodia.
As estrelas surgiram e a lua em seguida.
E o cantor parou de tocar e deitou-se sem pressa ›

While the Weary Blues echoed through his head.
He slept like a rock or a man that's dead.

Enquanto o Combalido Blues ressoava em sua cabeça.
Como uma pedra ou como um morto, dormiu à beça.

HOMESICK BLUES

De railroad bridge's
A sad song in de air
De railroad bridge's
A sad song in de air.
Ever time de trains pass
I wants to go somewhere.

I went down to de station.
Ma heart was in ma mouth.
Went down to de station.
Heart was in ma mouth.
Lookin' for a box car
To roll me to de South.

Homesick blues, Lawd,
'S a terrible thing to have.
Homesick blues is
A terrible thing to have.
To keep from cryin'
I opens ma mouth an' laughs.

BANZO BLUES

A ponte que passa o trem
Eu ouço uma música avoá
A ponte que tem o trem
Eu ouço uma música avoá.
Toda vez que passa o trem
Quero ir embora pra lá.

Fui a pé pa estação.
Meu coração tava na boca.
Fui a pé pa estação.
Coração tava na boca.
Fui atrás dum vagãozinho
É o sul que me convoca.

Banzo blues, Sinhô,
É troço ruim demais.
Banzo blues é um troço
Ruim demais.
Pa tentar não chorá
Bocaberta eu rio, rapaiz.

SOLEDAD

A Cuban Portrait

The shadows
Of too many nights of love
Have fallen beneath your eyes.
Your eyes,
So full of pain and passion,
So full of lies.
So full of pain and passion,
Soledad,
So deeply scarred,
So still with silent cries.

SOLEDAD

Um retrato Cubano

As sombras
De tantas noites de amor
Caíram entre seus olhos.
Seus olhos,
Tão cheios de dor e paixão,
Tão cheios de mentiras.
Tão cheios de dor e paixão,
Soledad,
Com cicatrizes tão fundas,
Tão inertes com gritos calados.

IT GIVES ME PAUSE

I would like to be a sinner
Sinning just for fun
But I always suffer so
When I get my singing done.

ISSO ME ACALMA

Queria ser um pecador
Pecando só de troça
Mas quando já pequei
Já era, estou na fossa.

BLACK MARIA

Must be the black Maria
That I see,
The black Maria that I see —
But I hope it
Ain't comin' for me.

Hear that music playin' upstairs?
Aw, my heart is
Full of cares —
But that music playin' upstairs
Is for me.

Babe, did you ever
See de sun
Rise at dawnin' full of fun?
Says did you ever see de sun rise
Full of fun, full of fun?
Then you know a
New day has begun.

Black Maria passin' by
Leaves de sunrise in de sky —
And a new day,
Yes, a new day's
Done begun!

BLACK MARIA*

Deve ser a Black Maria
Que está vindo ali,
A Black Maria, vejo vir —
Mas espero
Que não venha atrás de mim.

Ouve aquela música no andar de cima?
Ai, meu peito está
Cheio de amores —
Mas aquela música no andar de cima
É para mim.

Beibe, por acaso
Você já viu o sol
Se erguer alegre logo cedo?
Diga, você já viu o sol se erguer
Todo engraçado?
Então você sabe que um dia novo
Já começou.

Black Maria passando
Deixa o nascente no céu —
E um dia novo,
Sim, um novo dia
Já começou!

* A escolha de manter o título em inglês é para trazer o clima do texto original. Black Maria é um apelido para camburão.

SONG FOR BILLIE HOLIDAY

What can purge my heart
    Of the song
    And the sadness?
What can purge my heart
    But the song
    Of the sadness?
What can purge my heart
    Of the sadness
    Of the song?

Do not speak of sorrow
With dust in her hair,
Or bits of dust in eyes
A chance wind blows there.
The sorrow that I speak of
Is dusted with despair.

Voice of muted trumpet,
Cold brass in warm air.
Bitter television blurred
By sound that shimmers —
    Where?

CANÇÃO PARA BILLIE HOLIDAY

Com o quê curar meu coração
    Da canção
    E da tristeza?
Com o quê curar meu coração
    Fora na canção
    Da tristeza?
Com o quê curar meu coração
    Da tristeza
    Da canção?

Não fale da dor
Poeira em seus cabelos,
Ou ciscos nos olhos
Um vento por mordê-los.
A dor de que falo
Se empoeira desespero.

Voz de trompete abafado,
Frio metal em ar quente.
Amargo televisor borrado
Pelo som que chuvisca —
    Onde?

TOO BLUE

I got those sad old weary blues.
I don't know where to turn.
I don't know where to go.
Nobody cares about you
When you sink so low.

What shall I do?
What shall I say?
Shall I take a gun and
Put myself away?

I wonder if
One bullet would do?
Hard as my head is,
It would probably take two.

But I ain't got
Neither bullet nor gun —
And I'm too blue
To look for one.

TRISTE DEMAIS

Eu tenho aquele velho blues combalido.
Não sei aonde recorrer.
Eu não sei pra onde estou indo.
Ninguém liga pra você
Quando está tão decaído.

O que devo fazer?
O que devo dizer?
Pegar uma arma
E enfim me abater?

Me pergunto se
Uma bala será suficiente?
Dura como é minha cabeça,
Duas será mais eficiente.

Mas eu não tenho
Bala nem arma nenhuma —
E estou triste demais
Para ir atrás de uma.

BLUES FANTASY

Hey! Hey!
That's what the
Blues singers say.
Singing minor melodies
They laugh,
Hey! Hey!

My man's done left me,
Chile, he's gone away.
My good man's left me,
Babe, he's gone away.
Now the cryin' blues
Haunts me night and day.

Hey... Hey!

Weary,
Weary,
Trouble, pain.
Sun' gonna shine
Somewhere
Again.

I got a railroad ticket,
Pack my trunk and ride.

Sing'em, sister!

Got a railroad ticket,
Pack my trunk and ride.

And when I get on the train
I'll cast my blues aside.

FANTASIA BLUES

Hey! Hey!
É isso que o
Cantor de blues diz.
Cantando em tom menor
Eles riem,
Hey! Hey!

Meu homem me deixou,
Menina, ele se foi.
Meu homem me deixou,
Querida, ele foi-se embora.
Agora o blues chorado
Me persegue a toda hora.

Hey!... Hey!

Combalido,
Combalido,
Dor, revés.
O sol há de brilhar
Nalgum lugar
Mais uma vez.

Eu tenho um bilhete de trem,
Pega a minha matula e senta a pua.

Canta, irmã!

Eu tenho bilhete do trem
Pega a minha matula e senta a pua.

E quando eu subir no trem
Eu deixo a tristeza pra lá.

Laughing.
Hey!... Hey!
Laugh a loud,
Hey! Hey!

Rindo,
Hey! ... Hey!
Rindo alto,
Hey! Hey!

EVENIN' AIR BLUES

Folks, I come up North
Cause they told me de North was fine.
I come up North
Cause they told me de North was fine.
Been up here six months —
I'm about to lose my mind.

This mornin' for breakfast
I chawed de mornin' air.
This morin' for breakfast
Chawed de mornin' air.
But this evenin' for supper,
I got evenin' air to spare.

Believe I'll do a little dancin
Just to drive my blues away —
A little dancin'
To drive my blues away,
Cause when I'm dancin'
De blues forgets to stay.

But if you was to ask me
How the blues they come to be,
Says if you was to ask me
How the blues they come to be —
You wouldn't need to ask me:
Just look at me and see!

BLUES DO AR NOTURNO

Eu vim para o Norte, pessoal
Porque me disseram que o Norte era legal.
Eu vim para o Norte, pessoal
Porque me disseram que o Norte era legal.
Estou aqui faz seis meses —
E sinto que minha cabeça vai mal.

Esta manhã para o café
Mastiguei o ar da manhã.
Esta manhã para o café
Mastiguei o ar da manhã.
Mas à noite para o jantar,
Tenho o ar da noite para poupar.

Acredite, vou dançar um pouco
Só para afastar esse banzo —
Dançar um pouco
Para afastar um pouco o banzo,
É que quando eu danço
O blues dá um descanso.

Mas se você me perguntasse
O que vem a ser o blues,
Digo, se você me perguntasse
O que vem a ser o blues —
Nem perguntar você precisa:
Basta olhar que você logo deduz.

PO' BOY BLUES

When I was home de
Sunshine seemed like gold.
When I was home de
Sunshine seemed like gold.
Since I come up North de
Whole damn world's turned cold.

I was a good boy,
Never done no wrong.
Yes, I was a good boy,
Never done no wrong,
But this world is weary
An' de road is hard an' long.

I fell in love with
A gal I thought was kind.
Fell in love with
A gal I thought was kind.
She made me lose ma money
An' almost lose ma mind.

Weary, weary,
Weary early in de morn.
Weary, weary,
Early, early in de morn.
I's so weary
I wish I'd never been born.

POBRE GAROTO BLUES

Quando eu ficava em casa a
Luz do sol parecia ouro.
Quando eu ficava em casa a
Luz do sol parecia ouro.
Desde que subi ao Norte o
Mundo inteiro virou mau agouro.

Eu era um bom menino,
Nunca fiz nada de errado.
Sim, eu era um bom menino,
Nunca fiz nada de errado,
Mas esse mundo é cansativo
E o caminho é duro e contínuo.

Eu me apaixonei por
Uma menina que eu tomava por gentil.
Me apaixonei por
Uma menina que eu tomava por gentil.
Ela me fez ficar sem nenhum dinheiro
Por pouco o meu juízo não sumiu.

Combalido, combalido,
Combalido ao amanhecer.
Combalido, combalido,
Cedo, cedo ao amanhecer.
Eu estou tão combalido
Queria não ter chegado a nascer.

SUMMER NIGHT

The sounds
Of the Harlem night
Drop one by one into stillness.
The last player-piano is closed.
The last victrola ceases with the
"Jazz Boy Blues."
The last crying baby sleeps
And the night becomes
Still as a whispering heartbeat.
I toss
Without rest in the darkness,
Weary as the tired night,
My soul
Empty as the silence,
Empty with a vague,
Aching emptiness,
Desiring,
Needing someone,
Something.

I toss without rest
In the darkness
Until the new dawn,
Wan and pale,
Descends like a white mist
Into the court-yard.

NOITE DE VERÃO

Os sons
Da noite do Harlem
Caem um por um em quietude.
O último pianista parou.
A última vitrola cessa com o
"Jazz Boy Blues."
O último bebê cessa seu choro e dorme
E a noite se faz
Quieta como um coração sussurrante.
Eu lanço
Sem descanso na escuridão,
Combalida como a noite extenuada,
Minha alma
Vazia como o silêncio,
Vazia com um vago,
Doloroso vazio,
Desejando,
Precisando de alguém,
Algo.

Eu lanço sem descanso
No escuro
Até que a nova manhã,
Lívida e pálida,
Desça como uma névoa branca
No quintal.

FEET O' JESUS

At the feet o' Jesus,
Sorrow like a sea.
Lordy, let yo' mercy
Come driftin' down on me.

At the feet o' Jesus
At yo' feet I stand.
O, ma little Jesus,
Please reach out yo' hand.

PÉS DE JESUS

Aos pés de Jesus
A tristeza forma um mar.
Senhor, que sua piedade
Possa sobre mim baixar.

Aos pés de Jesus
A teus pés, irmão.
Oh, jesus cristinho,
Por favor, me estenda a mão.

Eu sonho um mundo

DREAM VARIATIONS

To fling my arms wide
In some place of the sun,
To whirl and to dance
Till the white day is done.
Then rest at cool evening
Beneath a tall tree
While night comes on gently,
    Dark like me —
That is my dream!

To fling my arms wide
In the face of the sun,
Dance! Whirl! Whirl!
Till the quick day is done.
Rest at pale evening...
A tall, slim tree...
Night coming tenderly
    Black like me.

VARIAÇÕES DE UM SONHO

Abrir anchas as asas
Em algum lugar do sol,
Rodar e dançar
Até a hora do arrebol.
Descansar depois na fresca
Noite sob uma árvore alta
Enquanto a noite chega sem falta,
    Negra como eu —
É assim meu sonho!

Abrir anchos os braços
Na cara do sol,
Dançar! Rodar! Rodar!
Até que o dia alcance o seu total.
Descansar na pálida noite...
Uma árvore magra e comprida
A noite cai em seguida
    Negra como eu.

BEALE STREET

The dream is vague
And all confused
With dice and women
And jazz and booze.

The dream is vague,
Without a name,
Yet warm and wavering
And sharp as flame.

The loss
Of the dream
Leaves nothing
The same.

RUA BEALE

O sonho é vago
E todo fugaz
Tem mulheres e jogos
Álcool e jazz.

O sonho é vago,
E sem nenhum nome,
Mas é quente e cambaleia
Feito chama e fome.

Esquecido o sonho
Ao final
Mas nada fica
Igual.

POÈME D'AUTOMNE

The autumn leaves
Are too heavy with color.
The slender trees
On the Vulcan Road
Are dressed in scarlet and gold
Like young courtesans
Waiting for their lovers.
But soon
The winter winds
Will strip their bodies bare
And then
The sharp, sleet-stung
Caresses of the cold
Will be their only
Love.

POÈME D'AUTOMNE

As folhas de outono
Estão pesadíssimas de cores.
As árvores finas
Da Estrada do Vulcão
Estão vestidas de escarlate e ouro
Como jovens cortesãs
Esperando por seus amantes.
Mas logo
Os ventos do inverno
As despirão peça por peça
E então
As carícias-lâminas
O fio do frio
Serão seu único
Amor.

CROSSING

It was that lonely day, folks,
When I walked by myself.
My friends was all around me
But it was just as if they'd left.
I went up on a mountain
In a high cold wind
And the coat that I was wearing
Was mosquito-net thin.

Then I went down in the valley
And I crossed an icy stream
And the water I was crossing
Was no water in a dream
And the shoes that I was wearing
No protection for that stream.
Then I stood out on a prairie
And as far as I could see
Wasn't nobody on that prairie
That looked like me.
Cause it was that lonely day, folks,
When I walked all by myself:
And my friends was right there with me
But was just as if they'd left.

ATRAVESSANDO

Foi naquele dia solitário, povo,
Que eu caminhei comigo mesmo.
Meus amigos estavam todos comigo
Mas pareciam estar a esmo.
Fui subindo uma montanha
Ventava um vento nevoeiro
E o casaco que eu vestia
Era feito de mosquiteiro.
Desci para o vale
E atravessei um gelado arroio
E a água por onde eu passava
Não era de água no meu sonho
E os sapatos que eu usava
Sem proteção para o arroio.
Apareci numa pradaria
E tão longe quanto eu avistava
Ninguém ali havia
Que se parecesse comigo.
Era um dia solitário, povo,
Caminhei comigo mesmo:
Meus amigos estavam lá comigo
Mas pareciam andar a esmo.

DRUM

Bear in mind
That death is a drum
Beating forever
Till the last worms come
To answer its call,
Till the last stars fall,
Until the last atom
Is no atom at all,
Until time is lost
And there is no air
And space itself
Is nothing nowhere,
Death is a drum,
A signal drum,
Calling life
To come!
Come!
Come!

TAMBOR

Tenha em mente
Que a morte é um tambor
Batendo para sempre
Até virem os últimos vermes
Para atender o seu chamado,
E que caiam as últimas estrelas,
E que o último átomo
Não seja mais átomo,
Até que o tempo se perca
E não haja ar
E o próprio espaço
Seja nada nenhures,
A morte é um tambor,
Um tambor de aviso,
Chamando para gozar
A vida!
A vida!
A vida!

SHADOWS

We run,
We run,
We cannot stand these shadows!
Give us the sun.

We were not made
For shade,
For heavy shade,
And narrow space of stifling air
That these white things have made.
We run,
Oh, God,
We run!
We must break through these shadows,
We must find the sun.

SOMBRAS

Ao farol,
Ao farol,
Não vamos aceitar essa sombra!
Deem-nos o sol.

Não temos feitura
Para a sombra escura,
Para a sombra espessa e obscura,
E o parco espaço de ar estreito
Que nos foi feito pela gente da brancura.
Ao farol,
Oh, Deus,
Ao farol!
Que possamos romper essas sombras,
Precisamos encontrar o sol.

FANTASY IN PURPLE

Beat the drums of tragedy for me.
Beat the drums of tragedy and death.
And let the choir sing a stormy song
To drown the rattle of my dying breath.

Beat the drums of tragedy for me,
And let the white violins whir thin and slow,
But blow one blaring trumpet note of sun
To go with me
    To the darkness
        Where I go.

FANTASIA EM PÚRPURA

Batam os tambores da tragédia por mim.
Batam os tambores da morte e da tragédia profunda.
E deixe o coro cantar uma canção tempestuosa
Para afogar o chocalho da minha respiração moribunda.

Batam os tambores da tragédia por mim,
E deixe o níveo violino zunir seu fino reboo,
Mas sopre uma nota vibrante do trompete do sol
Que virá comigo
    à escuridão
        para onde eu vou.

LOVE

Love is a wild wonder
And stars that sing.
Rocks that burst asunder
And mountains that take wing.

John Henry with his hammer
Makes a little spark.
That little spark is love
Dying in the dark.

AMOR

O amor é um espanto selvagem
E estrelas que entoam,
Rochas que se estilhaçam
E montanhas que levantam voo.

John Henry* com seu martelo
Solta pequenas fagulhas.
Essa fagulha é o amor
Sumindo no escuro.

* John Henry é um personagem legendário que teria nascido escravizado no Alabama. Com o progresso dos maquinários, um proprietário de estradas de ferro havia decidido abrir mão de grande parte dos seus empregados. Para defender seus companheiros, John o teria desafiado a uma competição na qual provaria ser mais eficaz que a máquina. E, sozinho com seu martelo, bateu mais pregos que o martelo mecânico. Personagem de muitas músicas, como "The legend of John Hammer" de Johnny Cash e muitos blues e cantigas populares, ele simboliza a luta do proletariado nos Estados Unidos.

FROM SELMA

In places like
Selma, Alabama,
Kids say,
 In places like
 Chicago and New York...
In places like
Chicago and New York
Kids say,
 In places like
 London and Paris...
In places like
London and Paris
Kids say,
 In places like
 Chicago and New York....

DE SELMA

Em lugares como
Selma, Alabama,
A molecada diz
    Em lugares como
    Chicago e Nova York...
Em lugares como
Chicago e Nova York
A molecada diz,
    Em lugares como
    Londres e Paris...
Em lugares como
Londres e Paris
A molecada diz,
    Em lugares como
    Chicago e Nova York...

DREAMER

I take my dreams
And make of them a bronze vase,
And a wide round fountain
With a beautiful statue in its center,
And a song with a broken heart,
And I ask you:
Do you understand my dreams?
Sometimes you say you do
And sometimes you say you don't.
Either way
It doesn't matter.
I continue to dream.

SONHADOR

Eu pego meus sonhos
E faço um vaso de bronze,
E uma fonte redonda
Com uma estátua no centro,
E uma canção de mágoa,
E te pergunto:
Você entende meus sonhos?
Às vezes você diz que sim
E às vezes diz que não.
De todo modo
Não importa.
Sigo sonhando mesmo assim.

I DREAM A WORLD

I dream a world where man
No other man will scorn,
Where love will bless the earth
And peace its paths adorn.
I dream a world where all
Will know sweet freedom's way,
Where greed no longer saps the soul
Nor avarice blights our day.
A world I dream where black or white,
Whatever race you be,
Will share the bounties of the earth
And every man is free,
Where wretchedness will hang its head
And joy, like a pearl,
Attends the needs of all mankind —
Of such I dream, my world!

EU SONHO UM MUNDO

Eu sonho um mundo onde o homem
Não seja desprezado pelo homem,
Onde o amor abençoe a terra
E a paz adorne o que se bebe e o que se come.
Eu sonho um mundo onde todos
Saibam que a liberdade é o melhor caminho,
Onde a ganância não sangre a alma
Nem avareza resseque o nosso dia.
Um mundo eu sonho onde preto ou branco,
Qual seja a sua raça,
Partilhe os prêmios do planeta
E livre seja toda pessoa,
Onde a miséria desapareça
E a alegria, feito pérola,
Atenda a toda a humanidade —
É esse o meu sonho, meu mundo!

LET AMERICA BE AMERICA AGAIN

Let America be America again.
Let it be the dream it used to be.
Let it be the pioneer on the plain
Seeking a home where he himself is free.

(America never was America to me.)

Let America be the dream the dreamers dreamed —

Let it be that great strong land of love
Where never kings connive nor tyrants scheme
That any man be crushed by one above.

(It never was America to me.)

O, let my land be a land where Liberty
Is crowned with no false patriotic wreath,
But opportunity is real, and life is free,
Equality is in the air we breathe.

(There's never been equality for me,
Nor freedom in this "homeland of the free.")

Say, who are you that mumbles in the dark?
And who are you that draws your veil across the stars?

I am the poor white, fooled and pushed apart,
I am the Negro bearing slavery's scars.
I am the red man driven from the land,
I am the immigrant clutching the hope I seek —
And finding only the same old stupid plan
Of dog eat dog, of mighty crush the weak.

DEIXE A AMÉRICA SER AMÉRICA OUTRA VEZ

Deixe a América ser América outra vez
Deixe-a ser o sonho que costumava ser.
Que ela seja o pioneiro na planície
Em busca de um lar onde se possa ser livre.

(A América nunca foi América para mim.)

Deixe a América ser o sonho que os sonhadores sonharam —
Deixe-a ser aquela incrível terra de amor
Onde reis não toleram o esquema dos tiranos
Onde uma pessoa é esmagada por outra que está por cima.

(Nunca foi América para mim.)

Oh, deixe minha terra ser uma terra onde a Liberdade
Jamais é coroada com a guirlanda do falso patriotismo,
Mas a oportunidade é real, e a vida é livre,
Igualdade é o ar que respiramos.

(Nunca foi igualdade para mim,
Nem liberdade nessa "terra dos livres"*)

Diga, quem é você que balbucia no escuro?
E quem é você que puxa seu véu em meio às estrelas?

Eu sou o branco pobre, enganado e posto de lado,
Eu sou o Negro portando as cicatrizes da escravidão.
Eu sou o indígena retirado de suas terras,
Eu sou o imigrante agarrando a esperança que eu busco —
E encontrando apenas o mesmo velho estúpido plano
De cão que devora cão, de o de cima pisa no de baixo.

* Referência ao hino estadunidense. "O'er the land of the free and the home of the brave" (Sobre a terra dos livres e o lar dos bravos).

I am the young man, full of strength and hope,
Tangled in that ancient endless chain
Of profit, power, gain, of grab the land!
Of grab the gold! Of grab the ways of satisfying need!
Of work the men! Of take the pay!
Of owning everything for one's own greed!

I am the farmer, bondsman to the soil.
I am the worker sold to the machine.
I am the Negro, servant to you all.
I am the people, humble, hungry, mean —
Hungry yet today despite the dream.
Beaten yet today — O, Pioneers!
I am the man who never got ahead,
The poorest worker bartered through the years.

Yet I'm the one who dreamt our basic dream
In the Old World while still a serf of kings,
Who dreamt a dream so strong, so brave, so true,
That even yet its mighty daring sings
In every brick and stone, in every furrow turned
That's made America the land it has become.
O, I'm the man who sailed those early seas
In search of what I meant to be my home —
For I'm the one who left dark Ireland's shore,
And Poland's plain, and England's grassy lea,
And torn from Black Africa's strand I came
To build a "homeland of the free."

The free?

Who said the free? Not me?
Surely not me? The millions on relief today?
The millions shot down when we strike?
The millions who have nothing for our pay?
For all the dreams we've dreamed
And all the songs we've sung ›

Eu sou o jovem, pleno de força e esperança,
Preso naquela antiga corrente sem fim
De lucro, poder, ganância, de grilagem!
De pegue o ouro! De pegue os meios de satisfazer suas necessidades!
De trabalhe o homem! De pegue a grana!
De se apropriar de tudo para a ambição de um só!

Eu sou o fazendeiro, fiador do solo.
Eu sou operário vendido para a máquina.
Eu sou o Negro, servo de todos vocês.
Eu sou o povo, humilde, faminto, simples —
Faminto ainda hoje apesar do sonho.
Espancado ainda hoje — Oh, Pioneiros!
Eu sou o homem que nunca foi adiante,
O mais pobre operário trocado através dos anos.

Entretanto eu sou aquele que sonhou nosso sonho básico
Naquele Velho Mundo enquanto era ainda um servo de reis,
Que sonha um sonho tão poderoso, tão bravo, tão verdadeiro,
Que mesmo o seu mais poderoso canta
Em cada pedra e tijolo, em cada vala cavada
Eis o que fez da América a terra que se tornou.
Oh, eu sou o homem que singrou por esses mares primevos
Oh, em busca do que eu queria para minha casa —
Pois eu sou aquele que deixou a praia escura da Irlanda,
E a planície da Polônia, e os verdes prados da Inglaterra,
E roubado das costas da África Negra eu vim
Construir uma "terra dos livres".

Dos livres?

Quem disse livres? Não eu?
Certamente não eu? Os milhões em alívio hoje?
Os milhões caídos quando atiramos?
Os milhões que não têm com o que pagar?
Por todos os sonhos que sonhamos
E todas as canções que cantamos ›

And all the hopes we've held
And all the flags we've hung,
The millions who have nothing for our pay —
Except the dream that's almost dead today.

O, let America be America again —
The land that never has been yet —
And yet must be — the land where *every* man is free.
The land that's mine — the poor man's, Indian's, Negro's, ME —
Who made America,
Whose sweat and blood, whose faith and pain,
Whose hand at the foundry, whose plow in the rain,
Must bring back our mighty dream again.

Sure, call me any ugly name you choose —
The steel of freedom does not stain.
From those who live like leeches on the people's lives,
We must take back our land again,
America!

O, yes,
I say it plain,
America never was America to me,
And yet I swear this oath—
America will be!

Out of the rack and ruin of our gangster death,
The rape and rot of graft, and stealth, and lies,
We, the people, must redeem
The land, the mines, the plants, the rivers.
The mountains and the endless plain—
All, all the stretch of these great green states—
And make America again!

E todas as esperanças que tivemos
E todas as bandeiras que hasteamos,
Os milhões que não têm com o que pagar —
A não ser com o sonho que hoje quase morreu.

Oh, deixe a América ser América outra vez —
A terra que poderia ter sido e ainda não foi —
E no entanto, tem que ser — a terra onde *todo* homem é livre.
A terra que é — do pobre, do índio, do negro, MINHA —
De quem fez a América,
De cujo sangue e suor, de cuja dor e fé,
De cuja mão na fundição, de cujo arado na chuva,
Precisa trazer de volta nosso poderoso sonho outra vez.

Claro, me chame por qualquer nome feio que quiser —
O aço da liberdade não enferruja.
Daqueles que vivem como sanguessugas da vida do povo,
Precisamos reaver nossa terra uma vez mais,
América!

Oh, sim,
Eu digo por inteiro,
A América nunca foi América para mim,
E no entanto, eu lanço esta jura —
América será.

De dentro da tortura e da ruína de nossa morte mafiosa,
O estupro e a podridão da fraude, do acobertamento, das mentiras,
Nós, o povo, precisamos redimir
A terra, as minas, as plantas, os rios.
As montanhas e a planície sem fim —
Toda, toda a extensão desses grandes estados verdes —
E faça América outra vez!

BALLAD OF WALTER WHITE

Now Walter White
Is mighty light.
Being a colored man
Who looks like white,
He can go down South
Where a lynching takes place
And the white folks never
Guess his race —
So he investigates
To his heart's desire
Whereas if he was brownskin
They'd set him on fire!
By being himself
Walter finds out
What them lynchers
Was all about.
But back to New York
Before going to press —
Cause if the crackers ever got him
There'd be one Negro less!
Yes, it our good fortune
He was born so light
Cause it's swell to have a leader
That can pass for white.

BALADA DE WALTER WHITE*

Agora Walter White
É claro e franco.
Sendo um homem de cor
Que parece branco,
Ele consegue ir ao Sul
Onde te lincham de graça
E o povo branco nunca vai
Adivinhar sua raça —
Então ele investiga
Tudo o que lhe dá na telha
E sabemos, se fosse moreno
O jogavam na fogueira!
Sendo ele mesmo
Walter vai atento
Quanto ao motivo
De tanto linchamento.
Mas de volta a Nova York
À imprensa vai correndo —
Pois se alguém o pegasse
Era um negro a menos!
Sim, é sorte nossa
Que ele seja do nosso flanco
É bom termos um líder
Que possa passar por branco.

* O personagem deste poema é Walter Francis White (Atlanta, 1893-1955). Como o próprio poema descreve, Walter tinha pele branca, embora seu pai e sua mãe tivessem sido pessoas escravizadas. Frequentou uma escola negra, uma igreja negra e mesmo a universidade que frequentou, em Atlanta, era aquela destinada aos negros. Seu trabalho mais notório foi o de frequentar sociedades secretas e racistas do Sul para, em seguida, relatá-las na imprensa nova-iorquina. Em Nova York, ele era um ativista bastante conhecido junto à Associação Nacional para o Progresso de Pessoas de Cor (NAACP, na sigla em inglês). É o autor de um livro chamado *A man called White*, sua autobiografia.

THE DREAM KEEPER

Bring me all of your dreams,
You dreamers,
Bring me all of your
Heart melodies
That I may wrap them
In a blue cloud-cloth
Away from the too-rough fingers
Of the world.

O GUARDADOR DE SONHOS

Traga-me todos os seus sonhos,
Ó sonhadores,
Tragam me todas as
Melodias que souberem de cor
Que eu as embrulharei
Em uma roupa azul-nuvem
Longe das mãos cheias de dedos
Do mundo.

OUR LAND

Poem for a Decorative Panel

We should have a land of sun,
Of gorgeous sun,
And a land of fragrant water
Where the twilight is a soft bandanna handkerchief
Of rose and gold,
And not this land where life is cold.

We should have a land of trees,
Of tall thick trees
Bowed down with chattering parrots
Brilliant as the day,
And not this land where birds are gray.

Ah, we should have a land of joy,
Of love and joy and wine and song,
And not this land where joy is wrong.

Oh, sweet away!
Ah, my beloved one, away!

NOSSA TERRA

Poema para um painel decorativo

Deveríamos ter uma terra de sol,
De sol deslumbrante,
E uma terra de água fragrante
Onde o crepúsculo é um lenço, uma bandana
De rosa e ouro,
E não essa terra onde a vida é um agouro.

Deveríamos ter uma terra de árvores,
De grossas árvores altas
Recurvadas de maritacas
Brilhantes como o dia,
E não essa terra de passarada opaca.

Ah, deveríamos ter uma terra de alegria,
De cânticos, de júbilo e de amor,
E não essa terra onde a alegria causa horror.

Que tal ir embora!
Ah, meu amor, vam'bora!

WATER-FRONT STREETS

The spring is not so beautiful there, —
    But dream ships sail away
To where the spring is wondrous rare
    And life is gay.

The spring is not so beautiful there, —
    But lads put out to sea
Who carry beauties in their hearts
    And dreams, like me.

RUAS DE BEIRA-MAR

A primavera não é tão bonita por lá, —
    Mas ali singram barcos de sonho
Para onde a primavera é rara maravilha
    E é lépida a vida.

A primavera não é tão bonita, —
    Mas rapazes dão para o mar
Que forma formosura em seus corações
    E como eu, coloca-se a sonhar.

Palavras como liberdade

FREE MAN

You can catch the wind
You can catch the sea,
But you can't, pretty mama,
Ever catch me.

You can tame a rabbit,
Even tame a bear,
But you'll never, pretty mama,
Keep me caged up here.

HOMEM LIVRE

Você pode prender o vento,
Você pode prender o mar,
Mas não consegue, formosura,
Me aprisionar.

Você pode domar um coelho,
até um urso você pode conseguir,
Mas não vai nunca, formosura,
Me manter preso aqui.

SLIVER

Cheap little rhymes
A cheap little tune
Are sometimes as dangerous
As a sliver of the moon.
A cheap little tune
To cheap little rhymes
Can cut a man's
Throat sometimes.

FARPA

Umas pobres rimas
Uma música crua
Podem ser tão perigosas
Quanto uma farpa da lua.
Uma pobre melodia
Para umas rimas cruas
Podem cortar a garganta
De alguém, com suas puas.

JUSTICE

That Justice is a blind goddess
Is a thing to which we black are wise.
Her bandage hides two festering sores
That once perhaps were eyes.

JUSTIÇA

Que a Justiça é uma deusa cega
É algo que o negro já está escolado.
Sua venda esconde duas chagas purulentas
Que já foram talvez olhos no passado.

DEAR MR PRESIDENT

President Roosevelt, you
Are our Commander in Chief.
As such, I appeal
To you for relief.

Respectfully, sir,
I await your reply
As I train here to fight,
Perhaps to die.

I am a soldier
Down in Alabam
Wearing the uniform
Of Uncle Sam.

But when I get on the bus
I have to ride in the back.
Rear seats only
For a man who's black.

When I get on the train,
It's the Jim Crow car—
That don't seem to jibe
With what we're fighting for.

Mr. President, sir,
I don't understand
Democracy that
Forgets the black man.

Respectfully, therefore,
I call your attention
To these Jim Crow laws
Your speeches don't mention.

CARO SENHOR PRESIDENTE

Presidente Roosevelt, és
Nosso mandante-mor.
Por isso faço apelo
Ao teu socorro, senhor.

Respeitosamente,
Uma resposta eu almejo
Enquanto treino para a luta,
Ou para a morte, mesmo.

Sou um soldado
Lá no Alabama
Vestindo o uniforme
Norte-americano.

Mas no ônibus da cidade
Tenho que ir atrás.
Assentos reservados
Para pretos, nada mais.

Se viajo de trem
É o vagão do Jim Crow —
Que não parece zombar
Da luta em que o país entrou.

Senhor Presidente, eu
Não estou entendendo
Democracia que não tem
O homem preto dentro.

Respeitosamente, pois
Chamo tua atenção
A essas leis Jim Crow
Seus discursos não lhe fazem menção.

I ask why YOUR soldiers
Must ride in the back,
Segregated—
Because we are black?

I train to fight,
Perhaps to die.
Urgently, sir,
I await your reply.

(1943)

Pergunto por que SEUS soldados
Têm que ir atrás,
Segregados —
Por serem pretos nada mais?

Eu treino para lutar
Talvez para morrer.
Urgentemente senhor,
Te espero responder.

(1943)

KU KLUX

They took me out
To some lonesome place.
They said, "Do you believe
In the great white race?

I said, "Mister
To tell you the truth,
I'd believe in anything
If you just turn me loose."

The white man said, "Boy,
Can it be
You're a-standin' there
A-sassin'me?"

They hit me in the head
And knocked me down.
And then they kicked me
On the ground.

A klansman said, "Nigger,
Look me in the face —
And tell me you believe in
The great white race."

KU KLUX

Eles me levaram
Preso a uma tranca.
Disseram, "você acredita
No poder da raça branca?"

Eu disse, "Senhor,
Ora vá, ora vá,
Acredito em qualquer coisa
Se me soltar."

O branco disse,
"E pruque é que uncê assim
Parado aí de pé
Qué sê meu assassin'"

Me socaram, fui ao chão
Me bateram na cabeça.
Me chutaram, me chutaram
Apanhei à beça.

Um cara da klan me disse, "Negro,
Agora seja franco —
Me diga se acredita no
Poder do homem branco."

THE BLACK MAN SPEAKS

I swear to the Lord
I still can't see
Why Democracy means
Everybody but me.

I swear to my soul
I can't understand
Why Freedom don't apply
To the black man.

I swear, by gum,
I really don't know
Why in the name of Liberty
You treat me so.

Down South you make me ride
In a Jim Crow car.
From Los Angeles to London
You spread your color bar.

Jim Crow Army
And Navy, too —
Is Jim Crow Freedom the best
I can expect from you?

I simply raise these questions
Cause I want you to state
What kind of a world
We're fighting to create.

If we're fighting to create
A free world tomorrow,
Why not end *right now*
Old Jim Crow's sorrow?

O NEGRO DECLARA

Juro por Deus
Ainda não entendi
Por que Democracia inclui
A todos menos a mim.

Juro por minha alma
Não consigo entender
Porque a Liberdade não se aplica
A eu e você.

Juro, por meus olhos,
Eu não entendo por que
Por que em nome da Liberdade
Você me trata assim.

No Sul tenho que entrar
Em um ônibus Jim Crow.
De Los Angeles até Londres
Você bota uma barra de cor.

Exército Jim Crow,
E Marinha também —
Jim Crow é o melhor
Para dar que você tem?

Eu simplesmente levanto essas questões
Porque, vejam, diga lá
Que tipo de mundo
Lutamos para criar.

Se estamos lutando para criar
Um mundo livre amanhã,
Por que não *agora mesmo*
Acabar com esse tipo de lei vilã?

JOHANNESBURG MINES

In the Johannesburg mines
There are 240,000
Native Africans working.
What kind of poem
Would you
Make out of that?
240,000 natives
Working in the
Johannesburg mines.

MINAS DE JOANESBURGO

Nas minas de Joanesburgo
Tem 240.000
Africanos trabalhando.
Que tipo de poema
Você faria
Com isso?
240.000 nativos
Trabalhando nas
Minas de Joanesburgo.

GOD TO HUNGRY CHILD

Hungry child,
I didn't make this world for you.
You didn't buy any stock in m railroad.
You didn't invest in my corporation.
Where are your shares in standard oil?
I made the world for the rich
And the will-be-rich
And the have-always-been-rich.
Not for you.
Hungry child.

DEUS A UMA CRIANÇA FAMINTA

Criança faminta,
Eu não fiz esse mundo para você.
Você não comprou nenhum estoque na minha estrada de ferro.
Você não investiu na minha corporação.
Onde estão suas ações em petróleo?
Eu fiz o mundo para os ricos
E para os que querem ser ricos
E os que sempre foram ricos.
Não para você,
Criança faminta.

CONSIDER ME

Consider me,
A colored boy,
Once sixteen,
Once five, once three,
Once nobody,
Now me.
Before me
Papa, mama,
Grandpa, grandma,
So on back
To original
Pa.

(A capital letter there,
He
Being Mystery.)

Consider me,
Colored boy,
Downtown at eight,
Sometimes working late,
Overtime pay
To sport away,
Or save,
Or give my Sugar
For the things
She needs.

My Sugar,
Consider her
Who works, too—
Has to.
One don't make enough
For all the stuff ›

CONSIDERE-ME

Considere-me
Um menino de cor
Ora com dezessesis
Ora com cinco, ora com três,
Ora ninguém,
Agora alguém.
Antes de mim
Papai, mamãe,
Vovô, vovó,
Até chegar
No Pai
Original.

(Uma letra maiúscula aqui,
Ele
Significando mistério.)

Considere-me,
Menino de cor,
Na cidade que arde,
Trabalhando até tarde,
Fazendo hora extra
Para dar um rolê,
Ou para guardar,
Ou para dar ao meu Dengo
Coisas de que ela
Necessita.

Minha Doçura,
Considere-a
Alguém que trabalha, também —
É o que ela tem.
Mas não paga o suficiente
Para toda a parafernália ›

It takes to live.
Forgive me
What I lack,
Black,
Caught in a crack
That splits the world in two
From China
By way of Arkansas
To Lenox Avenue.

Consider me,
On Friday the eagle flies.
Saturday laughter, a bar, a bed.
Sunday prayers syncopate glory.
Monday comes,
To work at eight,
Late,
Maybe.

Consider me,
Descended also
From the
Mystery.

Necessária para viver.
Perdão pelo
Que esqueço
Preto,
Preso na fissura
Que divide o mundo em dois
Da China
Passando pelo Arkansas
Até a avenida Lenox.

Considere-me,
Na sexta a águia voa.
No sábado, risada, um bar, uma cama.
No domingo preces glória sincopada.
Chega a segunda,
Trabalhar às oito,
Afoito,
Talvez.

Considere-me
Um caso sério
Que também descende do
Mistério.

QUESTION [1]

When the old junk man Death
Comes to gather up our bodies
And toss them into the sack of oblivion,
I wonder if he will find
The corpse of a white multi-millionaire
Worth more pennies of eternity,
Than the black torso of
A Negro cotton-picker?

QUESTÃO [1]

Quando a velha encarquilhada Morte
Vier buscar os nossos corpos
E jogá-los no saco do esquecimento
Me pergunto: será que para ela
O defunto de um branco multimilionário
Vai merecer mais centavos de eternidade
Que o torso preto de um
Negro que cata algodão?

THE UNDERGROUND

(To the Anti-Fascists of the Occupied Countries of Europe and Asia.)

Still you bring us with our hands bound,
Our teeth knocked out, our heads broken,
Still you bring us shouting curses,
Or crying, or silent as tomorrow,
Still you bring us to the guillotine,
The shooting wall, the headsman's block.
Or the mass grave in the long trench.

But you can't kill all of us!
You can't silence all of us!
You can't stop all of us!
From Norway to Slovakia, Manchuria to Greece,
We are like those rivers
That fill with the melted snow in spring
And flood the land in all directions.

Our spring will come.

The pent up snows of all the brutal years
Are melting beneath the rising sun of freedom.
The rivers of the world
Will be flooded with strength
And you will be washed away—
You murderers of the people —
You Nazis, Fascists, headsmen,
Appeasers, liars, Quislings,
You will be washed away,
And the land will be fresh and clean again,
Denuded of the past—
For time will give us
Our spring
At last.

O SUBTERRÂNEO

(Aos antifascistas dos países ocupados da Europa e da Ásia)

Vocês insistem em atar os nossos punhos,
Quebrar os nossos dentes e quebrar as nossas cabeças,
Vocês insistem em seus gritos de bravata,
Seus mimimis silenciados ou estridentes como sempre,
Vocês insistem em nos trazer a essa guilhotina,
Ao muro do fuzilamento, à corte do carrasco.
Ou à vala comum ao longo da longa trincheira.

Mas não podem nos matar a todos!
Não podem nos calar a todos!
Não podem nos parar a todos!
Da Noruega até a Eslováquia, da Manchúria até a Grécia,
Somos qual os rios que na primavera
Transbordam de neve liquefeita
E se espalham pela terra em todas as direções.

Nossa primavera chegará.

A glace desses tempos brutais
Escorre sob o sol nascente da liberdade.
Os rios do mundo
Se alimentarão de força
E vocês hão de desaparecer na correnteza —
Vocês que assassinam o povo —
Nazistas, Fascistas, carrascos,
Gente armada, mentirosa, traidora,
Vocês hão de desaparecer na correnteza,
E a terra se fará fresca e limpa outra vez,
Despida do passado —
Pois o tempo nos trará
A nossa primavera
Enfim.

HARLEM

Here on the edge of hell
Stands Harlem—
Remembering the old lies,
The old kicks in the back,
The old "Be patient"
They told us before.

Sure, we remember.
Now when the man at the corner store
Says sugar's gone up another two cents,
And bread one,
And there's a new tax on cigarettes—
We remember the job we never had,
Never could get,
And can't have now
Because we're colored.

So we stand here
On the edge of hell
in Harlem
And look out on the world
And wonder
What we're gonna do
In the face of what
We remember.

HARLEM

Aqui na beira do inferno
Fica o Harlem —
Relembrando as velhas mentiras,
Os velhos pés na bunda
Os velhos "Tenha paciência"
Que eles nos disseram antes.

Nos lembramos, é claro.
Agora quando o cara da mercearia
Conta que o açúcar subiu mais dois contos,
E o pão subiu um,
E não tem novas tarifas sobre o cigarro —
Nos lembramos do trabalho que nunca tivemos,
Nunca pudemos ter,
E não temos até agora
Porque somos de cor.

Então ficamos aqui
Na beira do inferno
no Harlem
Olhando para o mundo
E ponderando sobre
O que vamos fazer
Em face do que
Nos lembramos.

UNCLE TOM

Within —
The beaten pride.
Without —
The grinning face,
The low, obsequious,
Double bow,
The sly and servile grace
Of one the white folks
Long ago
Taught well
To know his
Place.

TIO TOM*

Dentro —
O orgulho perdido.
Sem —
A cara risonha,
A baixa, obsequiosa,
Dupla submissão,
A graça servil e astuta
De alguém a quem pessoas brancas
Ensinaram
Há muito
Onde fica o seu
Lugar.

* O poema se refere ao protagonista do famoso livro *Uncle Tom's cabin*, de Harriet Beecher Stowe. No Brasil, o livro foi traduzido no final dos anos 1940 como *A cabana do pai Tomás*, título questionável por diversas razões. Mantenho aqui o termo "Tio Tom" pelo seu sentido quase conceitual, adotado pelos negros estadunidenses para se referirem àqueles negros dóceis, que se entregam ao projeto do brancos sem nenhuma resistência ou senso crítico.

WISDOM AND WAR

We do not care —
That much is clear.
Not enough
O fus care
Anywhere.

We are not wise —
For that reason,
Mankind dies.

To think
Is much against
The will.

Better —
And easier —
To kill.

SABEDORIA E GUERRA

Não damos a mínima —
Isso está bem claro.
Não tantos de nós
Ligamos
Por aí.

Não somos sábios —
Por essa razão,
A humanidade morre.

Pensar
Vai contra
A vontade.

Melhor —
E mais fácil —
Matar.

DEMOCRACY

Democracy will not come
Today, this year
Nor ever
Through compromise and fear.

I have as much right
As the other fellow has
To stand
On my two feet
And own the land.

I tire so of hearing people say,
Let things take their course.
Tomorrow is another day.
I do not need my freedom when I'm dead.
I cannot live on tomorrow's bread.

Freedom
Is a strong seed
Planted
In a great need.

I live here, too.
I want freedom
Just as you.

DEMOCRACIA

Democracia não virá
Neste ano ou nesta data
Nem nunca
Via medo e bravata.

Tenho tanto direito
De firmar os pés
Quanto qualquer fulano
Desta terra
Eu também posso ser dono.

Já me cansei dessa balela que o povo dizia,
Que tudo siga no seu tempo.
Amanhã há de ser outro dia.
Não quero a liberdade depois que eu morrer
Com o pão do amanhã, como vou viver?

Liberdade
É uma semente potente
Plantada
Por precisão.

Também moro aqui, pode crer.
Quero a liberdade
tanto quanto você.

WORDS LIKE FREEDOM

There are words like *Freedom*
Sweet and wonderful to say.
ON my heartstrings freedom sings
All day everyday.

There are words like *Liberty*
That almost make me cry.
If you had known what I know
You would know why.

PALAVRAS COMO LIBERDADE

Tem palavras como *Liberdade*
De se dizer em estado de maravilha.
Nas cordas do peito a liberdade canta
O dia inteiro e todo dia.

Tem palavras como *Liberdade*
Que me botam à beira do pranto.
Se você soubesse o que eu sei
Saberia o motivo para tanto.

CHILDREN'S RHYMES

When I was a chile we used to play,
"One — two — buckle my shoe!"
And things like that. But now, Lord,
Listen at them little varmints!

By what sends
The white kids
I ain't sent:
I know I can't
Be president.

There is two thousand children
In this block, I do believe!

What don't bug
Them white kids
Sure bugs me:
We knows everybody
Ain't free!

Some of these young ones is cert'ly bad —
One batted a hard ball right through my window
And my gold fish et the glass.

What's written down
For white folks
Ain't for us a-tall:
"Liberty and Justice —
Huh — for all."

RIMAS INFANTIS

Quando eu era moleque a gente gostava de brincar,
"Um, dois, feijão com arroz!"
e coisas assim. Mas agora, puxa,
olha só pra esses pirralhos!

Pra onde vão
As crianças brancas
Eu não vou não:
Não vou ser nunca
Presidente da nação.

Tem duas mil crianças
Neste bairro, eu acredito!

O que não aflige
As crianças brancas
A mim aflige:
Sabemos que não é todo mundo
que é livre!

Alguns desses pequenos talvez sejam maus —
Teve um que jogou uma bola dura na minha janela
E meu dourado fugiu do aquário.

O que está escrito
Para crianças brancas
Não é pra nosso bico:
"Liberdade e Justiça —
Para todos — está dito."

Oop-pop-a-da!
Skee! Daddle-de-do!
Be-bop!

Salt'peanuts!

De-dop!

Oop po pa da!
Skiii! Dada di du!
Bibope!

Amendoim com sal!

Didope!

DREAM OF FREEDOM

There's a dream in the land
With its back against the wall.
By muddled names and strange
Sometimes the dream is called.

There are those who claim
This dream for theirs alone —
A sin for which, we know
They must atone.

Unless shared in common
Like sunlight and like air,
The dream will die for lack
Of substance anywhere.

The dream knows no frontier or tongue,
The dream, no class or race.
The dream cannot be kept secure
In any one locked place.

This dream today embattled,
With its back against the wall —
To save the dream for one,
It must be saved for ALL —
Our dream of freedom!

SONHO DE LIBERDADE

Há um sonho no país
Acuado contra a parede.
De apelidos esquisitos
É chamado muitas vezes.

Há quem diga que esse sonho
É só deles e de ninguém mais —
Um pecado pelo qual, sabemos
Pagarão demais.

A menos que, lugar comum
Feito luz solar e feito ar,
O sonho morra de falta
De substância nalgum lugar.

O sonho não conhece fronteira ou língua,
O sonho não conhece classe ou raça.
O sonho não estará seguro
Em lugar nenhum que visível se faça.

Esse sonho hoje em apuros,
Acuado contra a parede —
Se for salvar o sonho pra um
Tem que salvar o sonho para TODA A REDE —
Dos nossos sonhos de liberdade.

FREEDOM'S PLOW

When a man starts out with nothing,
When a man starts out with his hands
Empty, but clean,
When a man starts to build a world,
He starts first with himself
And the faith that is in his heart —
The strength there,
The will there to build.

First in the heart is the dream.
Then the mind starts seeking a way.
His eyes look out on the world,
On the great wooded world,
On the rich soil of the world,
On the rivers of the world.

The eyes see there materials for building,
See the difficulties, too, and the obstacles.
The mind seeks a way to overcome these obstacles.
The hand seeks tools to cut the wood,
To till the soil, and harness the power of the waters.
Then the hand seeks other hands to help,
A community of hands to help —
Thus the dream becomes not one man's dream alone,
But a community dream.
Not my dream alone, but *our* dream.
Not my world alone,
But your world and my world,
Belonging to all the hands who build.

A long time ago, but not too long ago,
Ships came from across the sea
Bringing the Pilgrims and prayer-makers,
Adventurers and booty seekers, ›

ARADO DA LIBERDADE

Quando um homem começa do nada,
Quando um homem começa com as próprias mãos
Vazias, mas limpas,
Quando um homem começa construindo um mundo,
Ele começa por si próprio
E pela fé que reside em seu peito —
A força,
A vontade para construir.

Primeiro, no coração, tem o sonho.
Então a cabeça começa a buscar um jeito.
Seus olhos procuram no mundo,
Na vastidão de florestas que é o mundo,
No rico solo do mundo,
Nos rios do mundo.

Os olhos enxergam os materiais da construção.
Enxergam as dificuldades, também, e os obstáculos.
A mente busca um meio de superar esses obstáculos.
A mão busca ferramentas para cortar a madeira,
arar a terra, e domar o poder das águas.
Eis que a mão busca outras mãos para ajudar,
Uma comunidade de mãos para ajudar —
Assim o sonho deixa de ser o sonho de um único homem,
Mas um sonho da comunidade.
Não meu sonho solitário, mas o *nosso* sonho.
Não meu mundo solitário,
Mas *seu mundo e meu mundo,*
Pertencendo a todas as mãos que o construíram.

Muito tempo atrás, mas tanto,
Navios vieram através dos mares
Trazendo Peregrinos e devotos,
Aventureiros e espoliadores, ›

Free men and indentured servants,
Slave men and slave masters, all new —
To a new world, America!

With billowing sails the galleons came
Bringing men and dreams, women and dreams.
In little bands together,
Heart reaching out to heart,
Hand reaching out to hand,
They began to build our land.
Some were free hands
Seeking a greater freedom,
Some were indentured hands
Hoping to find their freedom,
Some were slave hands
Guarding in their hearts the seed of freedom,
But the word was there always:
FREEDOM.

Down into the earth went the plow
In the free hands and the slave hands,
In indentured hands and adventurous hands,
Turning the rich soil went the plow in many hands
That planted and harvested the food that fed
And the cotton that clothed America.
Clang against the trees went the ax into many hands
That hewed and shaped the rooftops of America.
Splash into the rivers and the seas went the boat-hulls
That moved and transported America.
Crack went the whips that drove the horses
Across the plains of America.
Free hands and slave hands,
Indentured hands, adventurous hands,
White hands and black hands
Held the plow handles,
Ax handles, hammer handles,
Launched the boats and whipped the horses ›

Homens livres e servos contratados,
Escravos e senhores, todos novos —
A um mundo novo, América!

Com as velas enfunadas os galeões vieram
Trazendo homens e sonhos, mulheres e sonhos.
Em pequenos grupos,
Corações com corações,
Mãos com mãos,
Iniciaram a construção da nossa terra.
Algumas mãos eram livres
À procura de mais liberdade,
Algumas eram mãos servas
Com esperança de alguma liberdade,
Algumas eram mãos escravas
Acomodando em seus corações a semente da liberdade.
Mas a palavra era sempre:
    LIBERDADE.

Pela a terra passou o arado
Sob mãos livres e mãos escravas,
Sob mãos servas e mãos aventureiras,
Tornando rico o solo, o arado passou por muitas mãos
Que plantaram e colheram o alimento que nutria
E o algodão que vestia a América.
Nas árvores bateu o machado sob muitas mãos
Que talharam os telhados da América.
Lançando-se nos rios e mares vieram as embarcações
Que moveram e transportaram a América.
Estalaram-se os chicotes guiando os cavalos
Pelas planícies da América.
Mãos livres e mãos escravas,
Mãos servis e mãos aventureiras,
Brancas mãos e mãos negras
Guiaram os arados, manejaram
Os machados, os martelos,
Lançaram os barcos e açoitaram os cavalos ›

That fed and housed and moved America.
Thus together through labor,
All these hands made America.
Labor! Out of labor came villages
And the towns that grew cities.
Labor! Out of labor came the rowboats
And the sailboats and the steamboats,
Came the wagons, and the coaches,
Out of labor came the factories,
Came the foundries, came the railroads.
Came the marts and markets, shops and stores,
Came the mighty products moulded, manufactured,
Sold in shops, piled in warehouses,
Shipped the wide world over:
Out of labor — white hands and black hands —
Came the dream, the strength, the will,
And the way to build America.
Now it is Me here, and You there.
Now it's Manhattan, Chicago,
Seattle, New Orleans,
Boston and El Paso —
Now it's the U.S.A.

A long time ago, but not too long ago, a man said:

ALL MEN ARE CREATED EQUAL...
ENDOWED BY THEIR CREATOR
WITH CERTAIN UNALIENABLE
RIGHTS...
AMONG THESE LIFE, LIBERTY
AND THE PURSUIT OF HAPPINESS.

Que alimentaram e abrigaram e moveram a América.
Assim juntas através do trabalho,
Todas essas mãos fizeram a América.
Labor! Foi do labor que saíram os vilarejos,
As vilas que viraram cidades.
Labor! Do labor saíram as canoas
E as lanchas e os barcos a vapor,
Saíram os vagões, as diligências,
Do labor saíram as fábricas,
As fundições, as estradas de ferro,
Os mercados, as feiras, as lojas e os armazéns,
Os poderosos produtos modulados, manufaturados,
Vendidos em lojas, empilhados nos depósitos,
Carregados a barco pelo mundo afora:
Do labor — mãos brancas e mãos negras —
O sonho, a força, a vontade
E o caminho para a construção da América.
Agora sou eu aqui, e você aí.
Agora é Manhattan, Chicago,
Seattle, Nova Orleans,
Boston e El Paso —
Agora é os EUA.

Muito tempo atrás, mas não tanto, um homem disse:

> TODOS OS HOMENS SÃO CRIADOS IGUAIS...
> DOTADOS PELO CRIADOR
> DE CERTOS DIREITOS
> INALIENÁVEIS...
> ENTRE ESTES ESTÃO A VIDA, A LIBERDADE
> E A PROCURA DA FELICIDADE.*

* Trecho da "Declaração de Independência dos Estados Unidos da América", discurso de Thomas Jefferson, proferido em 4 de julho de 1776, durante a Revolução Americana. Vários historiadores ressaltam a contradição de um tal discurso libertário ter sido proferido por um proprietário de escravos, que sequer aventou a possibilidade de libertá-los do cativeiro.

His name was Jefferson. There were slaves then,
But in their hearts the slaves believed him, too,
And silently took for granted
That what he said was also meant for them.
It was a long time ago,
But not so long ago at that, Lincoln said:

NO MAN IS GOOD ENOUGH
TO GOVERN ANOTHER MAN
WITHOUT THAT OTHER'S CONSENT.

There were slaves then, too,
But in their hearts the slaves knew
What he said must be meant for every human being —
Else it had no meaning for anyone.
Then a man said:

BETTER TO DIE FREE
THAN TO LIVE SLAVES

He was a colored man who had been a slave
But had run away to freedom.
And the slaves knew
What Frederick Douglass said was true. ›

Seu nome era Jefferson. Havia escravos então,
Mas em seu íntimo os escravos acreditaram nele, também,
E silenciosamente tomaram por garantido
Que o que ele disse também os incluía.
Há muito tempo,
Mas não tanto assim, Lincoln disse:

NENHUM HOMEM É BOM O SUFICIENTE
PARA GOVERNAR OUTRO HOMEM
SEM O CONSENTIMENTO DESTE OUTRO*.

Também havia escravos, então,
Mas em seu íntimo os escravos souberam
Que o que ele disse era para todos os seres humanos —
Ou não significaria nada para ninguém.
Então um homem disse:

MELHOR MORRERMOS LIVRES,
QUE VIVERMOS ESCRAVIZADOS.

Ele era um homem de cor que havia sido escravo
Mas fugiu rumo à liberdade.
E os escravos souberam
Que o que Frederick** dissera era verdade. ›

* Trecho de um discurso proferido por Abraham Lincoln em Peoria, Ilinois, em 16 de outubro de 1854. Abraham Lincoln é lembrado nos Estados Unidos como o presidente que assinou a emenda constitucional que abolia a escravidão, em 1863, e é citado com certa frequência nos poemas de Langston Hughes.

** Frederick Douglass é o autor de *A narrativa da vida de Frederick Douglass*. Na obra, o autor narra sua vida durante o cativeiro e como ele conseguiu fugir, numa vertiginosa viagem de Baltimore a Nova York, para então conseguir seu abrigo em Massachussetts. Douglass passou a ser, desde então, uma das maiores vozes do abolicionismo estadunidense, tendo atuado com admirável força política para as conquistas rumo à abolição. É considerado o homem negro mais fotografado do século XIX.

With John Brown at Harper's Ferry, Negroes died.
John Brown was hung.
Before the Civil War, days were dark,
And nobody knew for sure
When freedom would triumph
'Or if it would,' thought some.
But others new it had to triumph.
In those dark days of slavery,
Guarding in their hearts the seed of freedom,
The slaves made up a song:

KEEP YOUR HAND ON THE PLOW!
HOLD ON!

That song meant just what it said: *Hold On!*
Freedom will come!

KEEP YOUR HAND ON THE PLOW!
HOLD ON!

Out of war it came, bloody and terrible!
But it came!
Some there were, as always,
Who doubted that the war would end right, ›

Com John Brown* em Harpers Ferry, Negros morreram.
John Brown foi enforcado.
Antes da Guerra Civil, os dias eram sombrios,
E ninguém sabia com certeza
Onde a liberdade triunfaria.
"Ou se", alguns pensavam.
Mas houve quem soubesse que triunfaria.
Naqueles sombrios dias de escravidão,
Acomodando em seus corações a semente da liberdade,
Os escravos criaram uma canção:

MANTENHA A SUA MÃO NO ARADO!
AGUENTE FIRME!**

Aquela canção significava apenas o que ela dizia: *Aguente firme!*
A liberdade há de vir!

MANTENHA A SUA MÃO NO ARADO!
AGUENTE FIRME!

Depois da guerra, ela veio, sangrenta e terrível!
Mas veio!
Houve aqueles que, como sempre,
Duvidaram que a guerra chegaria ao fim, ›

* John Brown foi um dos mais aguerridos abolicionistas brancos. Convencido de que era necessário acabar com a escravidão, realizou diversas incursões armadas no Kansas. Pessoas de diversas origens se uniram à sua causa, inclusive um antepassado de Langston Hughes, segundo ele mesmo conta no livro *Big sea*, sua autobiografia. John Brown e seu grupo foram presos durante o fracassado ataque ao arsenal de Harpers Ferry. Em suas falas durante o julgamento, reafirmou mais de uma vez que lutou pelo certo, que é a inaceitabilidade do tratamento dado às pessoas escravizadas em seu país. Foi condenado à forca e considerado o primeiro terrorista doméstico dos Estados Unidos.

** Trata-se de uma famosa canção Gospel que ganhou fama na voz de Mahalia Jackson. "Mantenha a sua mão no arado" é referência à seguinte passagem bíblica: "E Jesus lhe disse: Ninguém, que lança mão do arado e olha para trás, é apto para o reino de Deus." (Lucas 9:62)

That the slaves would be free,
Or that the union would stand,
But now we know how it all came out.
Out of the darkest days for people and a nation,
We know now how it came out.
There was light when the battle clouds rolled away.
There was a great wooded land,
And men united as a nation.

America is a dream.
The poet says it was promises.

The people say it is promises — that will come true.
The people do not always say things out loud,
Nor write them down on paper.
The people often hold
Great thoughts in their deepest hearts
And sometimes only blunderingly express them,
Haltingly and stumblingly say them,
And faultily put them into practice.
The people do not always understand each other.
But there is, somewhere there,
Always the *trying* to understand,
And the *trying* to say,
"You are a man. Together we are building our land."

America!
Land created in common,
Dream nourished in common,
Keep your hand on the plow! Hold on!
If the house is not yet finished,
Don't be discouraged, builder!
If the fight is not yet won,
Don't be weary, soldier!
The plan and the pattern is here,
Woven from the beginning
Into the warp and woof of America:

Que os escravos seriam libertos,
Ou que a união permaneceria.
Mas agora sabemos que ela veio.
Depois dos dias sombrios para um povo e para uma nação,
Sabemos agora ela veio demais.
Havia uma luz quando as nuvens da batalha rolavam.
Havia uma grande terra verde
E homens unidos como uma nação.

A América é um sonho.
O poeta diz que ela era promessas.
O povo diz que ela *é* promessas — que hão de se tornar verdade.
O povo não diz sempre as coisas em voz alta,
Nem as escreve no papel.
O povo costuma guardar
Grandes pensamentos no fundo do coração
E às vezes expressam apenas bobagens,
Vacilantes e desajeitados ele diz,
E tomado de culpa, as coloca em prática.
Não é sempre que o povo se entende.
Mas há, em algum lugar,
Sempre a *tentativa* de entender,
E a *tentativa* de dizer,
"Você é um homem. Juntos estamos construindo nossa terra."

América!
Terra criada em comum,
Sonho nutrido em comum,
Mantenha sua mão no arado! Aguente firme!
Se a casa ainda não está pronta,
Não perca a coragem, construtor!
Se a luta não está ganha,
Não se esgote, soldado!
O plano e o padrão estão aqui,
Tecidos desde o começo
Na urdidura e na trama da América:

ALL MEN ARE CREATED EQUAL...

NO MAN IS GOOD ENOUGH
TO GOVERN ANOTHER MAN
WITHOUT HIS CONSENT.

BETTER DIE FREE,
THAN TO LIVE SLAVES.

Who said those things? Americans!
Who owns those words? America!
250 Who is America? You, me!
We are America!
To the enemy who would conquer us from without,
We say, NO!
To the enemy who would divide
And conquer us from within,
We say, NO!

FREEDOM!
BROTHERHOOD!
DEMOCRACY!

To all the enemies of these great words:
We say, NO!

A long time ago,
An enslaved people heading toward freedom
Made up a song:
Keep Your Hand On The Plow! Hold On!
The plow plowed a new furrow
Across the field of history.
Into that furrow the freedom seed was dropped. ›

TODOS OS HOMENS SÃO CRIADOS IGUAIS...

NENHUM HOMEM É BOM O SUFICIENTE
PARA GOVERNAR OUTRO HOMEM
SEM O CONSENTIMENTO DESTE OUTRO.

MELHOR MORRERMOS LIVRES,
QUE VIVERMOS ESCRAVIZADOS.

Quem disse essas coisas? Americanos!
A quem pertencem essas palavras? À América!
Quem é a América? Você, eu!
Nós somos a América!
Ao inimigo externo que deseja nos conquistar
Dizemos, NÃO!
Ao inimigo interno que deseja nos dividir
E conquistar,
Dizemos, NÃO!

LIBERDADE!
IRMANDADE!
DEMOCRACIA!

A todos os inimigos dessas grandes palavras:
Nós dizemos, NÃO!

Muito tempo atrás,
Um povo escravizado indo rumo à liberdade
Criou uma canção:
Mantenha sua mão no arado! Aguente firme!
Aquele arado arou uma nova lavra
Pelos campos da história.
Dentro daquela lavra a semente da liberdade foi lançada. ›

From that seed a tree grew, is growing, will ever grow.
That tree is for everybody,
For all America, for all the world.
May its branches spread and shelter grow
Until all races and all peoples know its shade.

KEEP YOUR HAND ON THE PLOW!
HOLD ON!

Daquela semente uma árvore cresceu, está crescendo, sempre crescerá.
Aquela árvore é para todos,
Para toda a América, para todo o mundo.
Que seus ramos se espalhem e protejam cada vez mais
Até que todas as raças e todos os povos conheçam sua sombra.

MANTENHA SUA MÃO NO ARADO!
AGUENTE FIRME!

BEAUMONT TO DETROIT: 1943

Looky here, America
What you done done —
Let things drift
Until the riots come.

Now your policemen
Let your mobs run free
I reckon you don't care
Nothing about me.

You tell me that Hitler
Is a mighty bad man.
I guess he took lessons
from the Ku Klux Klan.

You tell me Mussolini's
Got an evil heart.
Well, it mus-a been in Beaumont
That he had his start —

Cause everything that Hitler
And Mussolini do,
Negroes get the same
Treatment from you.

DE BEAUMONT ATÉ DETROIT: 1943*

Muito bonito, América,
Você age bem assim —
Deixa as coisas à deriva
Até que estale um motim.

Agora seus policiais
Deixam a turba à própria sorte
Normal que à minha pessoa
Você pouco se importe.

Você me diz que Hitler
Faz maldades com afã.
Parece que aprendeu
Com a Klu Klux Klan.

Você me diz que Mussolini
Tem um coração ruim
Deve ter sido em Beaumont
Que ele aprendeu a ser assim —

Pois se Hitler e Mussolini
São gente inimiga,
Você também faz isso
Com os negros que abriga.

* Este poema se refere aos levantes raciais ocorridos em Beaumont, Texas, em junho de 1943. A tensão entre trabalhadores negros e brancos se elevou devido à repentina entrada de pessoas negras nas fábricas de navios durante a Segunda Guerra Mundial, gerando grande competição pelos postos de trabalho. A violência cresceu rapidamente no dia 15 de junho, data na qual centenas de casas e estabelecimentos de pessoas negras foram destruídos. A prefeitura decretou estado de sítio e a polícia entrou com mais violência. Ao final de seis dias, vinte e uma pessoas tinham morrido e 206 foram presas. Ninguém foi acusado pelos assassinatos.

You jim crowed me
Before hitler rose to power —
And you're STILL jim crowing me
Right now, this very hour.

Yet you say we're fighting
For democracy.
Then why don't democracy
Include me?

I ask you this question
Cause I want to know
How long I got to fight
BOTH HITLER — AND JIM CROW.

Quando veio o Jim Crow
Hitler nem estava no poder —
E seu Jim Crow permanece AINDA
Aqui e agora, sem desaparecer.

Mas você diz que lutamos
Por democracia.
Então por que democracia
Não inclui a mim, você me diria?

Eu te indago tudo isso
Pois quero saber, captou?
Até quando vou ter de combater
TANTO HITLER — QUANTO JIM CROW.

BROTHERLY LOVE

A little letter to the white citizens of the South

In line of what my folks say in Montgomery,
In line of what they're teaching about love,
When I reach out my hand, will you take it —
Or cut it off and leave a nub above?

If I found it in my heart to love you,
And if I thought I really could,
If I said "Brother, I forgive you,"
I wonder, would it do any good?

So long, so long a time you've been calling
Me all kinds of names, pushing me down —
I been swimming with my head deep under water,
And you wished I would stay under until I drown.

But I didn't! I'm still swimming! Now you're mad
Because I won't ride in the back end of your bus.
When I answer, "Anyhow, I'm gonna love you,"
Still and yet, you want to make a fuss.

Now listen, white folks!
In line with Reverend King down in Montgomery —
Also because the Bible says I must —
I'm gonna love you — *yes, I will! Or BUST!*

AMOR IRMÃO*

Uma pequena carta aos cidadãos brancos do Sul

Alinhado com o que meu povo diz em Montgomery,
Alinhado com o que eles ensinam sobre amar,
Quando eu estender minha mão, *você* vai alcançá-la —
Ou cortá-la deixando um cotoco no lugar?

Se em meu coração eu achasse amor por você,
E se eu pensasse que realmente posso,
Se eu dissesse, "Irmão, eu te perdoo,"
Eu acho, você acharia um bom negócio?

Há tanto, há tanto tempo você me chama
De todo tipo de nome, me puxa para baixo —
Ao nadar minha cabeça mergulha tão fundo,
E você quer que eu afunde mais, um escracho.

Mas eu não me afoguei! Continuo nadando. Agora você está puto
Porque eu não vou viajar mais no fundo do seu ônibus.
Quando eu respondo, "De algum modo, eu vou te amar,"
Ainda assim você me vem com mais ônus.

Agora ouçam, pessoas brancas!
Alinhado com o Reverendo Martin Luther King —
E também porque a Bíblia manda —
Eu vou amar você — *sim! Não choramingue.*

* Este poema é um testemunho da amizade entre Langston Hughes e Martin Luther King. A referência a Montgomery remete ao protesto pacífico, no qual participaram o próprio King, Rosa Parks, E. D. Nixon e outros. Trabalhadores boicotaram por vários dias os ônibus segregados, indo a pé para seus locais de trabalho, causando prejuízo para o serviço de transporte público da cidade. Após esse boicote, a suprema corte do Alabama considerou a segregação dentro dos ônibus inconstitucional.

ENVOY TO AFRICA

My name is Lord Piggly-Wilggly Wogglesfoot Brown.
I was born in a quaint old English manor town.
I now find myself engaged in a diplomatic chore
That looks as though it might turn into a bit of a bore.
I was sent to inform the natives of this dark place
That the Atlantic Charter will eventually apply to their race.
Of course, at the moment, we could hardly afford
To stretch the Atlantic Charter that broad.

But I will say this to each native race:
Some day you'll be equal —
If you'll just stay in your place.

EMISSÁRIO NA ÁFRICA

Meu nome é Lorde Barrão-Gordim Claudicante Moreno da Serra.
Nasci num pitoresco vilarejo feudal em meio à velha Inglaterra.
Agora eu me encontro engajado em uma missão diplomática
Que parece, tudo indica, estar prestes a ficar meio antipática.
Fui mandado para informar aos nativos dessa terra esparsa
Que a Carta do Atlântico pode a qualquer momento se aplicar a sua raça.
Claro, neste momento, não é possível ou sequer seguro
Que alargaremos a Carta do Atlântico, estamos no escuro.
Mas eu direi o seguinte a cada raça nativa:
Um dia haverá igualdade —
Se você permanecer assim lucrativa.

SONG OF ADORATION

I would like to be a white man, wouldn't you?
There's so many lovely things that I could do.
    I could lynch a Negro —
    And never go to jail, you know,
I would love to be a white man, wouldn't you?

I would love to be a white man, wouldn't you?
So many tasty things that I could do.
    I could tell the starving Indian nation
    To go straight to damnation,
Oh, I would love to be a white man, wouldn't you?

I would love to be a white man, wouldn't you?
There's such intriguing things that one could do.
    I could say to Stalin, listen kid,
    You're just an Asiatic mongrel Red.
Ah, I would love to be a white man, wouldn't you?

I would love to be a white woman also, too.
There's so many cultural things that I could do.
I could belong to the D.A.R.
Tell Marian Anderson, stay... out the D.A.R.!
I could ADORE being a white woman, wouldn't you?

I'd love to be a white congressman, too.
There's so many helpful things I could do.
    Just to get the Negro's goat
    I wouldn't let NO soldiers vote.
I would love to be a white congressman, wouldn't you?

CANTO DE ADORAÇÃO

Queria ser um homem branco, você não?
Tantas coisas adoráveis eu poderia fazer.
    Poderia linchar um Negro —
    E nunca ir para a cadeia, você sabe,
Queria ser um homem branco, você não?

Eu amaria ser um homem branco, você não?
Tantas coisas gostosas eu poderia fazer.
    Poderia dizer para as famintas nações indígenas
Irem direto para o inferno,
Oh, eu amaria ser um homem branco, você não?

Eu amaria ser um homem branco, você não?
Tantas coisas intrigantes se pode fazer.
    Eu poderia dizer para Stalin, olha garoto,
    Você não passa de um vira-latas asiático vermelho.
Ah, eu amaria ser um homem branco, você não?

Eu amaria ser uma mulher branca também,
Tantas coisas culturais eu poderia fazer.
    Eu poderia ser uma das Filhas da Revolução Americana
    Diga para Marian ficar... longe das Filhas da Revolução Americana
Eu iria ADORAR ser uma mulher branca, você não?

Eu amaria ser um congressista branco, também.
Tantas coisas úteis eu poderia fazer.
    Apenas para pegar o bode do Negro
    Eu não deixaria nenhum soldado votar.
Eu adoraria ser um congressista branco, você não?

GO SLOW

Go slow, they say —
while the bite
Of the dog is fast.
Go slow, I hear —
While they tell me
You can't eat here!
You can't live here!
You can't work here!
Don't Demonstrate! Wait! —
While they lock the gate.
Am I supposed to be God,
Or an angel with wings
And a halo on my head
While jobless I starve to dead?
Am I supposed to forgive
And meekly live
Going slow, slow, slow,
Slow, slow, slow,
Slow, slow,
Slow,
Slow,
Slow?
????
???
??
?

DEVAGAR

Devagar, eles dizem —
Enquanto a mordida
Do cão é veloz.
Devagar, eu ouço —
Enquanto me dizem
Você não pode comer aqui!
Você não pode viver aqui!
Você não pode trabalhar aqui!
Não demonstre! Espere! —
Enquanto eles trancam o portão.
Eu lá sou Deus,
Ou anjo com asas
Uma auréola na cabeça
Enquanto desempregado eu morro de fome?
Acaso tenho que perdoar
E mansamente viver
Indo devagar, devagar, devagar
Devagar, devagar, devagar,
Devagar, devagar,
Devagar,
Devagar,
Devagar,
Devagar?
????
???
??
?

TRADUÇÃO Davi Boaventura

Renascimento do Harlem

O NEGRO NA LITERATURA NORTE-AMERICANA (1925)

William Stanley Braithwaite

Fiel à sua origem neste continente, o Negro foi introduzido à literatura dos Estados Unidos por uma mão autoritária e exploradora. E, nas gerações em que foi copiosamente escrito e falado, recebeu tão pouca justiça artística quanto justiça social: a literatura pré-guerra civil norte-americana impôs as distorções de uma controvérsia moralista e fez do Negro um boneco de cera dentro de um mercado; a literatura do pós-guerra retaliou essa posição com as reações condescendentes do sentimentalismo e da caricatura, e fez do Negro um estereótipo de *gênero*. Não à toa, o estudo contínuo, sério ou aprofundado da vida e da natureza do Negro tem estado abaixo dos horizontes da nossa arte nacional. E, de maneira apenas gradual, atravessando o tedioso purgatório da Era da Discussão, a vida do Negro passou, enfim, a se desenvolver em uma Era da Expressão.

Talvez eu deva reformular essa última declaração, no entanto, de que o Negro se fez presente *na* literatura norte-americana gerações antes de fazer parte dela na posição de criador. Desde os primórdios deste país, o Negro tem sido, sem o reconhecimento formal da literatura e da arte, criativo. Durante mais de dois séculos de escravidão campesina, os negros têm demonstrado, em canções e relatos folclóricos, seu temperamento artístico e sua psicologia, valiosa por si mesma, assim como seu potencial uso e comprometimento com formas sofisticadas de manifestação cultural. Expressando-se com pujança e um imaginário simbólico inigualável — e muitas vezes sequer comparável, independente de qual grupo popular se observe —, os negros escravizados foram, ao mesmo tempo, a melhor expressão nacional de emoção e imaginação e a mais preciosa matéria-prima literária que a América produziu. Sendo assim, ao citar estas estrofes de *Ó bardos pretos e desconhecidos*, de James Weldon Johnson, quero que meus leitores compreendam o ponto central do enunciado deste poema em relação ao caminho do Negro até o domínio da arte:

Ó bardos pretos e desconhecidos de priscas eras,
Como seus lábios foram tocar o lume sagrado?
Como, na escuridão, vocês conseguiram conhecer
O poder e a beleza da lira do menestrel?

Quem, preso em seus grilhões, foi o primeiro a erguer os olhos?
Quem foi o primeiro que, da sua vigília silenciosa, longa e solitária,
sentindo a antiga fé dos profetas surgir
dentro da sua alma resguardada nas sombras, desandou a cantar?

Existe uma grande, grande maravilha pelo ar
Que do descanso degradado e da labuta servil
O ardente espírito do vidente deve clamar
por esses simples filhos do sol e do solo.
Ó negros cantores cativos, desaparecidos, esquecidos e infames
Vocês — vocês, sozinhos, entre os vários, vários indivíduos
Que cantaram iletrados, desconhecidos e sem nomes,
São aqueles que se estenderam ao além, à procura do divino.

Quão desorientada estava a imaginação norte-americana, quão cega pela poeira da controvérsia e pela mortalha do ódio social e da opressão, a ponto de nem mesmo compreender a irresistível urgência de se fazer uso literário da imaginação e da emoção que possuía com tamanha abundância.

*****

A controvérsia e o apelo moral nos deu *A cabana do Pai Tomás*, o primeiro exemplo notável do Negro enquanto objeto de um tratamento literário. Publicado em 1852, a obra dominou a literatura norte-americana de toda uma geração, em termos de espírito e de comportamento, até a literatura da Reconstrução, com sua abordagem bastante particular, entrar em cena. Ali estava toda a simpatia sentimentalista pela raça oprimida — uma simpatia na qual se projetava um personagem, o próprio Pai Tomás, inalcançável em seu domínio na imaginação popular até hoje —, mas o ganho moral e o efeito histórico do Pai Tomás acabaram se revelando uma perda artística e um retrocesso. O tratamento da vida e da natureza do Negro, sobreposto por esses estereótipos forçosos, não tinha como se desenvolver ali em um retrato artisticamente satisfatório.

Depois, assim como no período antiescravagista, empalado nos dilemas da controvérsia, a vida do Negro na Reconstrução terminou por se envolver nos paradoxos do preconceito social. Entre a Guerra Civil e o final do século XIX, o Negro na literatura se tornou um assunto capaz de levar os historiadores literários do futuro a se considerarem diante de um tema magnífico — e magnífico não por causa do súbito aparecimento de uma grande figura ou por causa de algum incidente, e sim pelo imenso paradoxo racial que se ergueu de maneira estrepitosa contra os princípios e doutrinas da democracia e os fez enfrentar o teste mais severo até então. Na literatura, essa época foi um período no qual a vida do Negro era um jogo de peteca entre dois extremos de humor e de páthos. O negro era livre e não era livre. Os escritores que lidavam com ele, em larga medida, se recusavam a ver mais do que a mera superfície: o sorriso, as caretas e o exterior pitoresco. Eventualmente alguém se aproximava do coração e da carne dos personagens negros, mas enxergar neles mais do que felizes e humildes camponeses seria desconsiderar as ideias inabaláveis e as convenções de toda uma geração. Por razões que ultrapassavam as razões artísticas, ou, na verdade, advogando contra elas mesmas, esses escritores se recusavam a enxergar a tragédia do Negro e se aproveitavam da sua comédia. A consciência social, claro, tanto quanto o Negro, sentia a necessidade de tal máscara cômica. No entanto, se qualquer um desses escritores do período possuísse o talento genial dos grandes nomes do primeiro escalão, eles teriam ultrapassado esse ardiloso exterior da vida do Negro, teriam vasculhado as profundezas da sua tragédia e produziriam, sem dúvida nenhuma, uma obra-prima.

A literatura norte-americana, como resultado, ainda sente a força desta tradição e dos seus sentimentalismos indulgentes. Irwin Russel foi o primeiro a descobrir o Negro feliz, despreocupado e engraçado. Ele se tornou onipresente. De todo modo, deve-se enfaticamente chamar a atenção para o fato de que a tradição do Negro pré-guerra é um produção do período pós-guerra, mais estranho à realidade do que à ficção, tanto que o realismo contemporâneo na ficção norte-americana não só registrou sua morte, como também lançou sérias dúvidas sobre ele em algum momento ter sido uma interpretação representativa e realmente genuína da natureza e da vida do Negro: na melhor das hipóteses, essa escola literária da Reconstrução representa os romantizados pináculos de um regime que, na sua extensão, formavam um cenário trágico e sombrio; no máximo, ela apresenta uma imagem fidedigna do Negro por menos de duas gerações. E, entre os escritores da época, tivemos Thomas Nelson Page, que, talvez até de uma maneira gentil, mas a partir de uma perspectiva distanciada e uma imaginação puramente local, fez pouco mais do que pintar as condições e os comportamentos do período contemporâneo com sua própria masculinidade, uma restituição da autoridade dos senhores de escravos derrotados no ciclo oitocentista. E George W. Cable, que também fez pouco mais do que idealizar a tradição aristocrática do Velho Sul, usando o Negro como contraponto literário. Os efeitos, embora contrários às intenções dos autores, foram sinistros. A tradição dos "Pais", dos "Tios", das "Mães" e das "Tias", ainda que inquestionável ao estabelecer a conjuntura da época e da geração, e também a atmosfera do humor sentimental, nunca poderá ser classificada como a melhor ficção a abordar tais temas e assuntos: a grande época do romance do Sul ainda precisa ser escrita. Até porque esses estereótipos terminaram por se degenerar em fetiches sociais reacionários, e, dos fetiches, decaíram até se tornarem caricaturas difamatórias do Negro, um prejuízo para a arte que quase se iguala ao próprio constrangimento sofrido pela comunidade negra.

De todos os escritores americanos do período, Joel Chandler Harris foi quem fez a contribuição mais duradoura sobre como se lidar com a figura do Negro. Existe, no seu trabalho, um aprofundamento tanto no interesse quanto na técnica. Nele, finalmente, temos algo que se aproxima do que podemos chamar de retrato verdadeiro. Mas, por mais que admiremos essa personalidade adorável, somos obrigados a admitir que, nas histórias de Tio Remus, a raça era a verdadeira artista, e a única carência na sua ignorância era não ter o poder de gravar seu próprio discurso. Na perspectiva do tempo e do julgamento imparcial, o crédito será dividido, e Joel Chandler Harris será lembrado como uma espécie de amanuense providencialmente designado para preservar os contos populares e as lendas da raça. Esses três escritores que mencionei não esgotam, de maneira alguma, a lista de autores que incorporaram o Negro à literatura durante a última metade do século XIX. O Sr. Howells, por exemplo, acrescentou uma nota lúgubre ao registro social da vida norte-americana com o seu *An imperative duty*, e profetizou a "ficção das barreiras de cor". Mas seus escrúpulos morais — o vício artístico persistente em todos os seus romances — o impediu de consumar uma mera união entre seu herói e sua heroína com um toque de sangue Negro. E é inútil debater qualquer outro nome, porque não tivemos mais ninguém capaz de criar uma grande história ou um grande personagem a partir da vida do Negro — ainda que existam dois escritores de relevância que estou reservando para incluí-los no grupo de escritores negros cujo trabalho pretendo daqui a pouco examinar. Claro, alguém pode talvez argumentar, fazendo jus aos escritores antes mencionados, que o não sucesso deles se deveu muito mais às limitações da sua visão social do que aos seus recursos técnicos. Como norte-americanos brancos dos seus tempos, glorificar o Negro no respeitável papel principal de herói ou heroína seria incompatível com suas concepções das desigualdades entre as raças. Lembro somente de um homem que teve a coragem artística e moral de tomar esta atitude, e esta pessoa foi Stephen Crane, em um conto chamado *O monstro*. Mas Stephen Crane era um gênio, e portanto não aceitava macular a integridade de um artista.

Com Thomas Dixon, de *The leopard's spots*, alcançamos um estágio diferente no tratamento do Negro na ficção. O retrato aqui vai da caricatura à difamação. Um pouco depois, com a moda das "histórias negras", e seus devotos que iam de Kemble e McAllister a Octavus Roy Cohen, a comédia sentimental no retrato do Negro também se degenerou em uma farsa petulante, apesar de divertida. Antes do advento de uma nova prática, esses trabalhos representavam as inclinações mais comuns, tanto no comportamento social quanto na arte. A ficção da Reconstrução era tomada por uma enxurrada de melodramas propagandistas e pelo ridículo. Obviamente, é possível questionar se esse material deve mesmo ser alçado ao nível da literatura, mesmo a propósito de comparação. Mas a escalada gradual da nova literatura do Negro deve ser traçada e medida a partir dos seus pontos mais baixos. E, depois de *The leopard's spots*, nos vinte anos seguintes, o Negro foi sinceramente tratado na ficção de autores brancos apenas de maneira ocasional. Existiram duas ou três tentativas de dramatizá-lo. *The nigger*, de Edward Sheldon, foi o único esforço inicial digno de nota. E, na ficção, de um ponto de vista estritamente literário, *His own country*, de Paul Kester, é o maior destaque. Esse tipo de romance, no entanto, falhou em atrair qualquer atenção do público geral. O fracasso se deve ao tratamento ilógico das situações humanas apresentadas. Por mais indiferente e negativo que possa parecer, existe na maioria dos leitores um desejo latente de encontrar honestidade de propósito e uma perspectiva plena em cada artista: e, especialmente na ficção, uma situação manuseada com luvas não poderá nunca ser uma situação de fato manuseada.

O primeiro sinal de que os artistas norte-americanos buscavam uma visão mais completa do assunto aconteceu em *Granny Maumee*, de Ridgely Torrence. Era uma peça, concebida e executada como uma performance no palco, e possuía, portanto, apelo restrito. Mas, mesmo ali, o artista continuava preocupado com os instintos primitivos da Raça e, apesar do seu retrato fiel e honesto, a nota ainda era baixa na escala da vida racial. Não demorou muito, de todo modo, para termos, entre os autores brancos, um novo e distinto desenrolar no tratamento dado à vida do Negro. Pautada pela honestidade, essa nova série de trabalhos se esforçou em dotar a vida do Negro com valores e uma visão puramente estética, mas, com um ou duas exceções, continuou presa ao nível camponês da experiência da raça e, mesmo sem ter a intenção, deu mais força à noção popular dos negros como um povo inferior, supersticioso, meio ignorante e servil. Os poucos casos isolados que reconheceram nos negros um impulso ambicioso foram derrotados pelo curso da história.

Talvez este seja um resultado inevitável diante de uma abordagem tão excêntrica, mesmo que bem-intencionada. A perspectiva folclórica descobre apenas os humilhados e os ingênuos; a perspectiva sociológica encontra primeiro o problema e depois os seres humanos, se é que encontra. Mas a arte norte-americana, em termos de uma seriedade desperta, e se aproveitando das técnicas do novo realismo, está gradativamente chegando ao centro da vida do Negro. George Madden Martin, com seu pretensioso prefácio para uma coleção de contos, *The children in the mist* — e este, em muitos sentidos, é um livro extraordinário —, tentou, de maneira bastante séria, na posição de uma mulher nascida no Sul, conduzir o Negro a uma categoria mais elevada de interesse e tratamento ficcional. Logo em seguida, surgiu *The shadow*, de Mary White Ovington, um livro no qual a Srta. Ovington ousadamente cria uma relação fraterna entre um menino negro e uma menina branca, que se transforma em desastre graças ao preconceito e leva a menina branca a um sacrifício que, até agora, nenhuma outra menina branca em nenhum outro romance aceitou e enfrentou. Temos também *White and black*, de Hubert Anthony Shands, que, entre os livros já produzidos por uma caneta sulista, é um dos mais honestos a ter um Negro como objeto de análise — em uma história na qual o herói, Robinson, também realiza um sacrifício glorioso em nome da verdade e da justiça, de maneira muito semelhante à heroína da Srta. Ovington; *Nigger*, de Clement Wood, com problemas de tratamento, mas admirável em sua proposta, ainda que se perca, acredito eu, no seu esforço de provar sua tese em um material completamente ilógico; e, por último, *Birthright*, de T.S. Stribling, mais significativo do que todos esses livros mencionados, ou melhor, o romance mais significativo a abordar o Negro sob a perspectiva de um branco norte-americano, apesar da sua construção completamente falsa do personagem de Peter Siner.

O livro do Sr. Stribling estabeleceu um precedente para os autores brancos ao nos dar um herói e uma heroína negros. Existe nele uma tentativa óbvia de ver as coisas por um ponto de vista objetivo. Mas a fórmula do final do século XIX — a hereditariedade racial atávica — ainda permanece e se projeta através da carne e do sangue dos personagens. Utilizando Peter como um símbolo do homem tragicamente vinculado a um mundo pelo sangue, e pelos hábitos e pelas ideias a outro, Stribling retrata uma luta trágica contra o ímpeto das origens humildes e de um ambiente sórdido. Não podemos negar a existência deste elemento da tragédia na vida do Negro, e o Sr. Stribling, é importante lembrar, apresenta também uma denúncia severa ao retratar as condições sulistas que levam à desintegração dos sonhos e ideais do seu herói. Mas a preocupação, quase obsessão, de trabalhos fortes e artísticos como *Emperor Jones* ou *All god's chillun got wings*, ambos de Eugene O'Neill, e *Goat alley*, de Ernest Howard Culbertson, com esse mesmo tema e essa mesma fórmula duvidosa de reversão cultural hereditária sugere que, apesar das boas intenções, a verdade apresentação da tragédia real da vida do Negro é uma tarefa que só poderá de fato ser executada por escritores negros. Esta questão é particularmente verdadeira para aquelas fases da vida racial culturalmente representativa que quase não encontraram tratamento nas mãos de autores norte-americanos brancos. Para corroborar essa afirmação, permitam-me citar uma passagem de um número recente do *Independent*, que fala sobre os romancistas negros:

> Nos últimos anos, as histórias sobre negros têm sido extremamente populares. Uma revista sem uma história envolvendo um Negro é algo difícil de se encontrar na praça. Mas quase todas essas histórias são escritas em um tom de condescendência. Os artistas também foram contagiados pelos escritores, e as ilustrações são em noventa e nove por cento das vezes puro pastelão. As histórias e as imagens compõem uma diversão perversa para milhões de pessoas que são constantemente convencidas de que o fato mais importante da vida do Negro é o fato da sua pele ser preta. Muitos desses escritores vivem no Sul ou nasceram no Sul. Teoricamente, eles conhecem bem a questão do Negro, mas é notável o quanto eles não nos dizem nada de substancial sobre esse negro, sobre o ser humano real na pele de um homem negro. Seus métodos mais frequentes são o de rir dos homens e mulheres de cor, catalogar suas idiossincrasias e seus des-

vios das normas, isto é, dos comportamentos dos brancos. Não parece existir sequer uma suspeita nas mentes desses escritores de que pode haver um pensamento fascinante a respeito da vida nas mentes dos negros, independente desses negros serem educados ou dos tipos mais ignorantes. O Negro sempre é interpretado nos termos do homem branco. A psicologia do homem branco é aplicada e não é nenhuma surpresa vermos que o resultado, em geral, mostra o Negro sob uma luz ridícula.

*****

Retorno agora a alguns anos atrás, quando comecei a pesquisar os avanços da autoria negra. O Negro enquanto criador na literatura americana é algo, comparativamente, de importância recente. Tudo o que foi alcançado entre Phyllis Wheatley e Paul Laurence Dunbar, se considerarmos os parâmetros da crítica, é insignificante — embora, do ponto de vista histórico, seja um grande tributo à raça saber que, em Phyllis Wheatley, temos não só uma poeta escravizada no século XVIII de uma América colonial como também uma excelente poeta, talvez até melhor do que Anne Bradstreet, a quem os historiadores literários concederam a honra de ser considerada a primeira mulher a alcançar a fama sendo uma poeta na América.

A autoria negra, para deixarmos claro, deve ser classificada em três principais atividades: poesia, ficção e o ensaio, com uma ocasional excursão por outras searas. No teatro, até pouco tempo atrás, praticamente não surgiu nada de grande qualidade, com a exceção de *Rachel,* de Angelina Grimké, notável por sua arquitetura sóbria. A biografia nos deu uma história de vida extraordinária, a de Booker T. Washington, contada por ele mesmo. O relato da vida de Frederick Douglass, por outro lado, é eloquente enquanto documento humano, mas não atinge os píncaros da narração e do retrato psicológico, características que levaram essa categoria de literatura, em definitivo, ao domínio das belas artes. De fato, podemos mesmo acreditar que os esforços da controvérsia, e a enorme quantidade de artigos polêmicos e discursivos talhados para lidarem com o problema da raça — necessários para abrir e limpar o obstruído caminho do progresso racial — absorveram e, de certa forma, dissiparam a energia literária de muitos escritores negros aptos para a função.

Bom, examinemos rapidamente o avanço do Negro no âmbito da poesia. Antes de Dunbar, não existe nada que consiga resistir ao teste crítico. Sempre teremos o interesse histórico e afetivo naquelas desamparadas figuras patéticas que choravam na imensidão da ignorância e da opressão. Mas é somente com Dunbar que encontramos nossa primeira manifestação lírica autêntica — uma manifestação mais autêntica, devo dizer, graças a sua fiel representação da natureza e da vida do Negro, e nem tanto por termos nele uma expressão rara ou de sutil habilidade. Quando o Sr. Howells, na sua famosa introdução a *Lyrics of lowly life*, observou que Dunbar foi o primeiro homem negro a expressar a vida da sua gente de uma maneira lírica, ele, por um lado, qualificou a conquista de Dunbar e, por outro, o transportou para uma categoria análoga a do poeta camponês da Escócia, não pela sua arte, e sim pelo modo como ele fez um povo se articular em versos.

As duas principais qualidades do trabalho de Dunbar, no entanto, são o páthos e o humor, e neles ele expressa aquele dilema da alma que caracteriza os negros entre a Guerra Civil e o final do século XIX. A poesia de Dunbar é fiel à vida do Negro e caracteristicamente expressa o que ele sentia e conhecia a respeito do temperamento e das condições do seu povo. Mas seu estado de espírito refletia, em especial, aquele da era da Reconstrução e de um período um pouco mais além — a experiência limitada de uma época transitória, uma era um tanto quanto desamparada e subserviente na qual a liberdade foi testada e se alcançou a compensação emocional das risadas e das lágrimas através das dificuldades da vida. É a poesia do camponês feliz e do menestrel rabugento. Eventualmente, como no soneto *Robert Gould Shaw* e na *Ode to Ethiopia*, explodia em Dunbar, de certa forma atravessando as fendas do seu espírito, uma aspiração inflamada e soturna, uma consciência da raça desperta e viril. Na maior parte das vezes, porém, seus sonhos se ancoravam em caprichos de menor importância, pois sua inspiração poética mais profunda era o sentimento. Ele expressava um temperamento popular, mas não a alma da raça. Dunbar foi o fim de um ciclo, e não o começo de uma tradição, como tantos críticos descuidados, brancos e negros, parecem acreditar.

Depois de Dunbar, muitos versificadores surgiram — todos bastante influenciados pelo seu sucesso no uso do dialeto. Não tenho como elencá-los aqui, nem como lista, nem como comentário, exceto dizer que poucos igualaram Dunbar no seu itinerário expressivo, e ninguém se aprofundou na expressão da vida do Negro. O próprio Dunbar tinha noção das suas limitações; de Londres, em uma carta a um amigo, em 15 de março de 1897, ele escreveu: "Vejo agora com bastante clareza que o Sr. Howells me causou irrevogável prejuízo na posição que ele estabeleceu ao discorrer sobre meus versos em dialeto". Até a publicação de *Fiftieth anniversary ode*, de James W. Johnson, que ocorreu durante as comemorações dos cinquentas anos da Emancipação, em 1913, nenhum poeta negro se desvinculou da paisagem medíocre que as imitações de Dunbar decretaram na poesia. O trabalho do Sr. Johnson é baseado em uma contemplação mais ampla da vida, uma vida que não é inteiramente confinada à experiência racial, mas que, através da raça, faz articular aquela universalidade das emoções que é sentida por toda a humanidade. Seus versos possuem um vigor que, sem dúvida nenhuma, o afastam das insignificantes subcorrentes soturnas do sentimento, que, no passado, caracterizavam os versos dos poetas negros. O Sr. Johnson trouxe, de fato, o primeiro gesto de densidade intelectual para o conteúdo da nossa poesia, e uma habilidade técnica que, embora menos espontânea do que a de Dunbar, era mais equilibrada e precisa.

Começa, então, uma nova geração literária; poesia que é racial em sua essência, mas que exala uma nota universal e tem como pano de fundo consciente toda a herança da poesia em língua inglesa. E a cada nova figura o cenário se expande e o controle técnico fica mais sofisticado. A brilhante afluência e as competências maduras de Fenton Johnson, Leslie Pinckney Hill, Everette Hawkins, Lucian Watkins, Charles Bertram Johnson, Joseph Cotter, Georgia Douglas Johnson, Roscoe Jamison e Anne Spencer nos trazem, enfim, a Claude McKay, aos poetas da geração mais nova e a uma poesia de inflexão magistral e de grande distinção.

É muito significativo para ser uma mera coincidência, mas foi no movimentado ano de 1917 que se escutou pela primeira vez uma inflexão realmente magistral na poesia negra. Na edição de setembro daquele ano da revista Crisis, surgiu *Soldados negros*, de Roscoe Jamison:

Esses são, de verdade, os Bravos,
Os homens que afastam de si
As velhas memórias pra cruzarem a ensanguentada trilha
Do sacrifício, se juntando à solene onda
Que se desloca ao longe, para sofrer e morrer
Por liberdade — quando a deles é também negada!
Ó, orgulho! Quanto preconceito! Quando eles passarem
Aplauda esses homens, os Bravos, que você agora crucifica.

No mês seguinte, sob o pseudônimo de Eli Edwards, Claude McKay publicou na revista *The Seven Arts*:

Exultantes jovens gargalhavam com jovens prostitutas
E observavam aquele corpo perfeito, seminu, dançar;
A voz dela soava como um coro de flautas
Tocado por oradores negros em um dia de piquenique.
Ela cantou e dançou com calma e graça,
O tecido leve pendendo de sua silhueta;
Para mim, parecia ser uma palmeira orgulhosamente vibrante
Que cresceu mais amável por atravessar a tempestade.

Por sobre seu pescoço negro, brilhantes cachos
Caíam em profusão; e, arremessando moedas em louvor,
Os meninos de olhos ousados, embriagados de vinho, e mesmo as meninas,
Devoraram aquela mulher com seus olhares famintos e passionais
Mas, observando seu rosto de sorriso falso,
Eu sabia que ela não estava naquele estranho lugar.

Com Georgia Johnson, Anne Spencer e Angelina Grimké surge, significativamente, a poesia das mulheres negras. A Sra. Johnson, em especial, conseguiu vocalizar o verdadeiro espírito poético do lamento lírico das mulheres negras. Apesar de certas recaídas no sentimental e nas platitudes, ela possui um talento autêntico. Anne Spencer, mais sofisticada e mais críptica, mas também mais universal, revela, por sua vez, um outro aspecto do gênio poético. De fato, é interessante observar o quanto os poetas negros de hoje oscilam entre as notas universais e as notas raciais.

Claude McKay, o poeta que encabeça a geração, é um gênio mergulhado neste dilema. Seu trabalho se desenrola no emaranhado entre a poesia de protesto e a poesia expressiva; ele, por um lado, é um violento e estridente pregador, usando de seus dons poéticos para desfiar pensamentos arrogantes e provocativos, enquanto, por outro lado, é também o sonhador de um lirismo puro, contemplando a vida e a natureza com uma complacente paixão melancólica. Quando a índole de *Spring in New Hampshire* ou do soneto *The Harlem dancer* o possui, ele se preenche com a alma e o poder da beleza que floresce à revelia de todo e qualquer mal do homem. Independente do seu admirável espírito de coragem e insolência, quão diferentes são seus poemas, que têm em *If we must die* um exemplo típico. Ali, a expressão poética do Negro paira por um momento, talvez até justificadamente, sobre o problema da raça, mas sua grande comunhão é com a Poesia — é ela quem deve prevalecer.

*****

Permitam-me discorrer um pouco sobre um tipo de literatura que possui muitas pernas, mas somente uma cabeça. O Dr. Du Bois é o escritor de talento mais versátil que a raça já produziu. Poeta, novelista, sociólogo, historiador e ensaísta, ele publicou livros em todos os campos — com a exceção, acredito eu, de um livro formal de poesia — e deu a cada um deles as prerrogativas do seu pensamento claro e preciso, além da sua imaginação sensível e da sua visão passional. *The souls of black folk* foi o livro de uma era; um livro vívido, um livro de sonhos torturados entrelaçados no tecido de um documento sociológico. Um texto que influenciou o temperamento espiritual de uma raça mais do que qualquer outra coisa escrita em sua geração. É só através do idealismo intenso e passional cuja presença faz de *The souls of black folk* uma vibrante rapsódia de injustiças toleradas e esperanças concretas que os poetas da raça verdadeiramente talentosos podem levar o Negro até o único nacionalismo pleno e íntegro que ele conhece, que é o da democracia norte-americana. Nenhum outro livro revelou com mais clareza à nação o verdadeiro idealismo e as grandes aspirações do Negro norte-americano.

Nesse texto, assim como em vários dos ensaios do Dr. Du Bois, tenho muitas vezes a impressão de que estou testemunhando o nascimento de um poeta que, como uma fênix, ressurge a partir de um acadêmico. Entre *The souls of black folk* e *Darkwater*, publicado em 1920, o Dr. Du Bois escreveu uma variedade de livros: nenhum mais notável, na minha opinião, do que o romance *The quest of the silver fleece*, no qual ele transforma o algodão no grande protagonista do destino das pessoas nascidas no Sul, independente de serem brancas ou negras. Só conheço uma outra tentativa e realização de tal importância na ficção norte-americana — a de Frank Norris — e, de certa forma, mantenho a opinião de que, quando o grande romance épico do Sul for escrito, este livro vai confirmar seu posto de predecessor. De fato, o romance negro é uma das maiores potencialidades da literatura americana. Mas ele deve ser escrito por um Negro? Recorro ao artigo já citado aqui:

> O escritor branco parece perplexo diante do enigma e então desperdiça todas as suas energias no dialeto e, de modo geral, nas características do Negro enquanto menestrel… Precisamos procurar pelo próprio Negro para chegarmos ao fundo da questão. É pouco provável que algum homem branco consiga, pois é razoável supor que sua psicologia branca sempre vai interferir de alguma maneira. Não estou pensando, de modo algum, no romancista Negro como alguém que vai despertar o mundo para os horrores da matança deliberada provocada pelas máfias brancas e para as injustiças que condenam um povo livre a servidão política. Não estou pensando, de modo algum, nos romances panfletários, embora exista terror e drama suficientes nas estatísticas cruas dos relatórios de segurança, números suficientes para manter ocupados todo um exército de escritores. O romancista Negro, se ele um dia surgir, deve nos revelar mais do que pensa

um Negro quando está amarrado a uma fogueira e o fogo açoita sua carne viva; muito mais do que o que ele sente quando é expulso da calçada por um bêbado truculento que, na comparação com o Negro, pode muito bem ser infinitamente inferior do ponto de vista intelectual. Tal escritor, para alcançar o êxito em larga escala, vai precisar esquecer a existência de leitores brancos; vai precisar abandonar sua autoconsciência e esquecer que seu trabalho será esmiuçado por um júri branco. Ele vai precisar ser imprudente, ignorar o que os críticos brancos podem pensar do seu trabalho; ele vai precisar de autoconfiança para ser o seu próprio crítico. Vai precisar esquecer, pelo menos por enquanto, que vários homens brancos um dia tentaram dissecar a alma de um Negro.

O que trago aqui, portanto, é, ao mesmo tempo, uma interrogação e um desafio: mesmo esclarecido, como um escritor em geral é, ele não parece detectar as forças que certamente estão se reunindo para produzir o que ele deseja.

O desenvolvimento da ficção entre os autores negros tem sido, chego quase a dizer, uma das atividades mais reprimidas da nossa vida literária. Um início promissor aconteceu na última década do século XIX, quando Chestnutt e Dunbar produziram tanto histórias curtas quanto textos mais longos. No caso de Dunbar, se ele tivesse continuado vivo, penso que seu crescimento literário culminaria na evolução do romance racial, como sugerido em *The uncalled* e em *Sport of the gods*. O primeiro título era, acredito, o esforço literário mais ambicioso de Dunbar; o segundo, o mais significativo, e significativo porque, tendo como cenário a cidade de Nova Iorque, mostrava a vida dos negros como uma unidade, propelida pelas correntes da existência, da qual fazia e não fazia parte — uma história tocada por aquela sombra do destino que dava a ela um propósito mais relevante do que a mera maquinação racial da sua premissa. Mas Dunbar, na sua ficção, só obteve sucesso com o mesmo mundo que ofereceu a ele a inspiração para seus poemas em dialeto, embora sua ambição fosse "escrever um romance que lide com a classe educada do meu próprio povo". Depois, ele escreve em *The fanatics*: "Você não imagina como minhas esperanças foram depositadas naquele livro, mas ele me decepcionou completamente". Seu contemporâneo, Charles W. Chestnutt, por sua vez, estava principalmente preocupado com a "ficção das barreiras de cor" e com os contatos e conflitos entre os dois mundos. De certa forma, ele foi mais bem sucedido. Nos cinco volumes de sua autoria, ele se revelou um escritor de ficção do mais alto gabarito. Mas, no final das contas, o Sr. Chestnutt é um contador de histórias genial transformado pela seriedade racial em um romancista de talento. Sua habilidade natural encontraria um ambiente mais livre em uma sequência de histórias curtas, como as de Bret Harte, a julgar pela desenvoltura e pelo poder dos seus dois volumes de contos, *The wife of his youth and other stories* e *The conjure woman*. Só que os esforços mais sérios do Sr. Chestnutt se deram no campo do romance, onde ele empenhou uma brava e parcialmente bem-sucedida tentativa de corrigir as distorções da ficção da Reconstrução e reagir à escola de Page e Cable. Dois desses romances, *The marrow of tradition* e *The house behind the cedars*, devem ser reconhecidos entre os mais representativos romances históricos da sua época. Mas as circunstâncias ainda não eram favoráveis para o grande romancista Negro. O público norte-americano preferia os valores espúrios aos genuínos; a formação da Confederação possuía um equivalente literário. Onde Dunbar, o sentimentalista, era bem-vindo, Chestnutt, o realista, não era. Em 1905, o Sr. Chestnutt escreveu *The colonel's dream*, e então o silêncio pesou sobre ele.

Daquele momento até o ano passado, com a exceção de *The quest of the silver fleece*, que foi publicado em 1901, não houve nenhuma ficção relevante escrita por autores negros. No entanto, de repente, surge então uma série de livros que parecem prometer pelo menos uma nova fase para a ficção racial, e quem sabe até uma era de grandes romancistas. *The fire in the flint*, do Sr. Walter White, por exemplo, é uma história dinâmica e direta sobre os conflitos contemporâneos da comunidade negra no Sul. Composto a partir da experiente observação do autor, ele mesmo um pesquisador de linchamentos e protestos, é um documento social de primeira magnitude e importância — muito vital para ser rotulado e desprezado como panfletário, ainda que, pelo mesmo motivo, seja muito rústico e realista para ser considerado como grande arte. Mais próximo das exigências da arte está o romance da Srta. Jessie Fauset, *There is confusion*, um livro cuja maior distinção é ter criado toda uma nova ambientação no tratamento da raça na ficção: o que ela faz é pegar uma categoria dentro da raça, de posição social, tradição e cultura bem estabelecida, e dar a uma história familiar complexa, como a que encontramos em *The Marshalls*, um documento social de valor único e revigorante. Em uma história como a sua, a ficção racial, afastando-se das limitações da propaganda, em uma mão, e da ficção de gênero em outra, emerge das barreiras da cor e é incorporada ao corpo da arte abrangente e universal.

E, finalmente, em Jean Toomer, o autor de *Cane*, encontramos o primeiro artista negro que, com toda a paixão e simpatia do artista pela vida, por suas dores, suas indulgências, seus desejos, suas alegrias, suas derrotas e seus anseios, pode escrever sem abrir mão ou comprometer sua visão artística. É uma escrita tão objetiva que chegamos a sentir que só pode mesmo ser mero acidente o fato de seu nascimento ou da sua filiação terem o colocado em contato com a vida sobre a qual ele escreve. Toomer poderia escrever tão bem quanto, com a mesma pujança, com a mesma transmutação, sobre os camponeses da Rússia ou os camponeses da Irlanda, se a experiência o levasse a conhecer àquelas existências. *Cane* é um livro de ouro e de bronze, de poeira e de chamas, de êxtase e de agonia, e Jean Toomer é uma brilhante estrela da manhã em um novo dia do negro na literatura.

A JUVENTUDE NEGRA FALA (1925)

Alain Locke

A Geração Mais Jovem se ergue, exaltando suas virtudes. São os primeiros frutos do Renascimento Negro. A juventude fala, e a voz do Novo Negro é ouvida. O que é desarticuladamente balbuciado entre as massas já é vocalizado nos lábios de certas figuras talentosas, e o futuro escuta, ainda que o presente insista em tampar seus ouvidos. Temos aqui a juventude Negra, com suas visões arrebatadoras e suas profecias vibrantes, projetando no espelho da arte o que amanhã vamos ver e reconhecer nas ruas da realidade — antecipando, em novas notas e sotaques, o amadurecimento discursivo da completa expressão racial.

É claro, na superfície, é a juventude que fala pela voz da juventude Negra, mas os tons são distintos, pois a juventude Negra fala a partir de uma experiência única e de uma representatividade particular. Todas as classes de um povo à mercê de uma pressão social são permeadas por uma experiência comum; elas se fundem de uma maneira que não é acessível aos demais indivíduos da sociedade. Para essas pessoas, mesmo a vida mais ordinária desfruta de uma profundidade épica e de uma intensidade lírica, e suas deficiências materiais são suas vantagens espirituais. Portanto, em uma época na qual a arte se escondeu nas aulas, nas panelinhas e em pequenos conchavos, e a vida se priva cada vez mais de um referencial comum, o artista Negro, a partir das profundezas do seu grupo e da sua experiência pessoal, possui, ao seu dispor, condições muito próximas do que seria uma arte clássica.

A genialidade Negra do momento se apoia no talento racial como um vasto legado espiritual de onde surgiram e devem surgir nossas maiores façanhas. A expressão racial como um motivo consciente, é verdade, está desaparecendo da nossa arte mais recente, mas, com a mesma convicção, surge a era da expressão coletiva mais verdadeira e mais refinada — uma vez que a expressão da raça não precisa ser deliberada para ser vital. De fato, nos seus melhores momentos, nunca é. Foi o que aconteceu com a nossa arte folclórica, instintiva e incomparável, e a questão começa a se repetir ao nos aproximarmos da maturidade cultural, em uma fase da arte que promete ser completamente representativa. O intervalo entre o antes e o agora tem sido um período estranho, em que, do desejo ansioso e da tentativa de ser representativo, surgiram muitas obras realmente não representativas; o que vivemos, nos últimos tempos, foi uma arte efusivamente autoconsciente, mais racialmente retórica do que racialmente expressiva. Os poetas de hoje, no entanto, pararam de falar pelo Negro — eles falam enquanto Negros. E, onde eles antes falavam para os outros e buscavam a interpretação, agora falam para os seus e buscam a expressão. Distantes da encenação, estão muito mais perto de atingir o equilíbrio.

A geração mais jovem, neste sentido, alcançou uma atitude objetiva em relação à vida. Raça, para eles, não é nada mais do que um idioma da experiência, uma espécie de disciplina e aventura enriquecedora que dá tons mais sutis à existência e a deixa mais bonita e interessante, mesmo que, de certo modo, mais complicada. Sob esta perspectiva, ela permite um aperfeiçoamento, e não uma retração, da visão social. O problema artístico do Jovem Negro, contudo, não tem sido tanto o de conquistar o domínio exterior da forma e da técnica, e sim o de alcançar o domínio interior do temperamento e do espírito. Uma vez alcançado esse domínio, o que se verifica é a feliz libertação da autoconsciência, da retórica, da grandiloquência e do pernicioso hábito de estabelecer valores artísticos tendo como parâmetro, em primeiro lugar, o efeito moral — todas aquelas compensações patéticas de um complexo de inferioridade coletivo que nossos dilemas sociais infligiram a várias gerações infelizes. Nossos poetas não precisam mais enfrentar a difícil escolha entre uma postura mendicante e uma postura excessivamente assertiva. Pelo mesmo esforço com o qual se libertaram da tradição dos menestréis e das armadilhas do dialeto, e se aproximando da calma e da simplicidade na expressão séria, eles levaram os dons populares às altitudes da arte. Lá, eles procuram e encontram as satisfações e os valores intrínsecos da manifestação artística — e se a América for surda, eles ainda assim vão cantar.

Mas a América escuta — talvez, primeiro, por curiosidade; depois, sem dúvida nenhuma, em comunhão. Em todo caso, um momento de paciência. Pois essa geração agora na vanguarda artística herda a bela e cara conquista de outra geração de trabalhadores criativos, uma geração pioneira e que desbravou o desenvolvimento cultural e o reconhecimento do Negro nas artes. Apesar de ainda estarem no auge, como veteranos de uma árdua luta, eles merecem os devidos aplausos e agradecimentos. Tivemos, na ficção, Chestnutt e W.E.B. Du Bois; no teatro, de novo o Dr. Du Bois e Angelina Grimké; na poesia, Dunbar, James Weldon Johnson, Fenton e Charles Bertram Johnson, Everette Hawkins, Lucian Watkins, Cotter Jr. e Jameson; também na poesia, tivemos a Srta. Grimké, Anne Spencer e Georgia Douglas Johnson; na crítica e nas belles lettres, Braithwaite e o Dr. Du Bois; na pintura, Tanner e Scott; na escultura, Meta Warrick e May Jackson; na atuação, Charles Gilpin e Paul Robeson; na música, Harry Burleigh. Também não devemos omitir a oportuna colaboração de artistas norte-americanos brancos: Ridgely Torrence e de Eugene O'Neill no teatro, e de T.S. Stribling e Shands e Clement Wood na ficção — nomes que ajudaram a levar as questões da vida do Negro para longe das polêmicas corriqueiras, dos romances baratos e do jornalismo em direção ao domínio da arte pura e imparcial. Então, rica em seu legado, mas ainda mais rica, acredito eu, no seu acúmulo de talento, surge a geração mais nova da nossa cultura afro-americana: na música, Diton, Dett, Grant Still e Roland Hayes; na ficção, Jessie Fauset, Walter White, Claude McKay (em um livro prestes a ser lançado); no teatro, Willis Richardson; no campo dos textos curtos, Jean Toomer, Eric Walrond, Rudolph Fisher, e; finalmente, uma vívida galáxia de jovens poetas negros: McKay, Jean Toomer, Langston Hughes e Countee Cullen.

Estes nomes constituem uma nova geração não apenas por causa da idade, mas por causa de uma nova estética e de uma nova filosofia de vida. Todos eles pairaram por sobre o horizonte nos últimos três anos e podemos dizer, sem menosprezar o passado, que, nesse curto espaço de tempo, eles coletivamente conquistaram — dos donos de editora, dos editores, críticos e do público em geral — mais reconhecimento do que jamais foi ofertado a artistas criativos negros durante toda uma vida. Primeiros romances de relevância inquestionável, publicações inéditas em jornais de primeira linha cujas páginas são a grande meta de artistas veteranos, aclamação internacional, abertura de novos territórios artísticos, o desenvolvimento, pela primeira vez entre nós, de círculos literários e canais para o contato de mentes criativas e, o mais importante de tudo, um estímulo espiritual e uma expansão racial como nenhuma outra geração sentiu e conheceu. Foram suas conquistas que levaram o avanço artístico Negro a acentuadamente se alinhar com o pensamento artístico, o espírito e o estilo contemporâneos. Eles são completamente modernos, alguns deles até ultramodernos, e os pensamentos dos Negros agora vestem o uniforme da época.

Através dos seus trabalhos, esses jovens artistas proclamaram um realismo vigoroso e robusto, o mesmo que está moldando as letras contemporâneas da América, mas, suas conquistas, por enfrentarem o dobro da dificuldade, possuem o dobro do significado. A geração mais antiga de escritores Negros se expressava através de um moralismo cauteloso e idealizações moderadas; as restrições do Puritanismo ocupavam suas mentes porque as repressões do preconceito pesavam em seus corações. Eles sentiam que a arte precisava arcar com as batalhas sociais e compensar as injustiças; "Ser representativo": tirar leite de pedra era a norma tácita. Assim como na Renascença Céltica aconteceram protestos e controvérsias em relação às peças populares de Synge e outros distintos realismos da escola emergente, temos e vamos continuar a ter discussões turbulentas e insatisfações em relação às histórias, peças e poemas do grupo de Negros mais jovens. Mas escritores como Rudolph Fisher, Zora Hurston, Jean Toomer, Eric Walrond, Willis Richardson e Langston Hughes trabalham seus materiais de uma maneira objetiva, com uma visão artística independente; eles não enxergam suas atrevidas figuras do povo como estereótipos de qualquer coisa a não ser deles mesmos e nem se perguntam se são ou não são compreendidos como racialmente representativos. Compare Barren ground, de Ellen Glasgow, com Thomas Nelson Page, ou Holiday, de Waldo Frank, com qualquer coisa do Sr. Cable, e você vai entender a verdadeira dimensão do contraste entre as gerações mais novas e as mais velhas da literatura Negra; o realismo de "atravessando o Potomac" também se viu obrigado a cruzar a barreira da cor. Ou melhor, o que aconteceu foi justamente o contrário: a ficção pioneira do Novo Sul foi a ficção realista da vida Negra. Por sorte, na mesma época em que a jovem geração despontava, Batouala chamou a atenção através do prêmio Gouncourt, concedido a René Maran em 1923. Apesar de Batouala não se enquadrar em termos do Negro Americano nem em conteúdo ou autoria, a influência do seu realismo ousado e da sua franqueza latina foi educativa e emancipatória. E, portanto, não somente pela modernidade do estilo, mas pela originalidade vital do material, os jovens escritores Negros mergulharam fundo no subsolo rústico da vida racial. Jean Toomer escreve:

> "A Geórgia me abriu os olhos. E pode muito bem ser dito que recebi o impulso inicial de uma arte individual em função da minha experiência por lá. Porque nenhum outro lugar do país me afetou tanto. Lá, a pessoa encontra chão, chão no sentido que os russos conhecem — o chão no qual toda arte e toda literatura que pretende permanecer viva deve se assentar".

O pressuposto mais recente para se assumir uma posição racial passou a ser, então, uma ação realizada puramente em nome da arte. Em nenhum outro lugar essa questão é tão aparente, ou mais justificada, do que na crescente tendência de desenvolver, da substância racial, algo tecnicamente distinto, algo que, como um idioma do estilo, pode se tornar uma contribuição para os recursos gerais da arte. A favor da linguagem, do fluxo da frase, do ritmo na prosa, do verso e da música, da cor e do tom da imagem, do idioma e do timbre da emoção e do simbolismo, a ambição e a promessa dos artistas Negros se fundam na vontade de fazer uma contribuição notável. Muito dessa questão já é perceptível. O experimento interessante de Weldon Johnson em Creation: a negro sermon, ao transpor o tema do dialeto e transportá-lo através dos idiomas das imagens ao invés das fonéticas fragmentadas do discurso, é um caso a ser estudado. Na música, essas transfusões dos idiomas raciais em conjunto com estilos modernistas de expressão já aconteceram; nas outras artes, é uma questão tão possível quanto provável. Até porque, sob a sofisticação do estilo moderno, também pode se detectar em quase todos os artistas uma nítida nota de frescor que a maioria admite como um presente instintivo do espírito popular. Toomer dá uma cadência musical popular e um arroubo sensual e glamouroso para os modernistas da prosa americana. McKay adiciona Esopo e ironia rústica ao romance social e uma clareza popular e ingenuidade ao pensamento lírico. Fisher acrescenta a concisão e a energia emocional de Tio Remus à arte de Maupassant e O. Henry. Walrond desfruta de uma cor tropical e um jorro quase vulcânico que são únicos mesmo depois de mais de uma geração de pintura exótica das palavras por parte de grandes artistas. Langston Hughes possui um fervor particular de cor e ritmo, e uma simplicidade bíblica no discurso que é coloquial em sua derivação, mas abundante em desenvoltura. Roland Hayes carrega o jorro rapsódico e a profundidade das canções populares dos velhos mestres. Countee Cullen mistura o simples com o sofisticado de uma maneira tão original que é quase capaz de derramar um vinhedo inteiro na sua própria taça de cristal.

Existe em todos eles o casamento de um talento emocional revigorante com as melhores sutilezas da arte. Neles, para o enriquecimento da arte moderna norte-americana, diante de nossos contemporâneos, em um grupo de pessoas que ainda mantêm a posse das antigas chaves, estão algumas das características que pensávamos estar extintas na cultura. A arte não pode desdenhar dos dons da ironia natural, da imaginação transfigurativa, do discurso bíblico rapsódico, do movimento musical dinâmico, da emoção cósmica tal qual somente os pagãos talentosos conheciam, de um retorno à natureza, não pelo caminho da fórmula gasta e forçada do Romantismo, e sim pela iminência de uma imaginação que nunca cortou seus laços com a natureza. A arte deve aceitar esses presentes, e reavaliar quem a presenteou.

Nem toda nova arte se enquadra no campo dos valores artísticos puros. Existe a poesia social audaciosa e a ficção de análise social calma e desapaixonada. Mas a razão e o realismo nos curaram do sentimentalismo: ao invés de termos o lamento e a súplica, temos o desafio e a denúncia. A sátira está logo abaixo da superfície na nossa prosa mais recente, e a ironia revigorante surgiu nos nossos mananciais poéticos. Existem bons remédios para as mentes ordinárias e, para nós, eles são os antídotos necessários contra o veneno social. Tal influência, pelo menos no que diz respeito aos nossos interesses, significa dizer que os piores sintomas da enfermidade social estão indo embora. E, portanto, a promessa social da nossa arte mais recente é tão grandiosa quanto artística. Ela trouxe consigo, antes de qualquer coisa, aquela bem-vinda e saudável virtude de se encontrar a beleza em si mesma; a geração mais nova não pode mais ser ridicularizada como "culturalmente insípida" ou ser acusada de "não dedicar qualquer tipo de amor às suas origens". Eles possuem um amor instintivo e orgulho por sua raça e, espiritualmente compensando as atuais carências da América, um respeito ardente e um amor pela África, a terra-mãe. Da mesma forma, de maneira gradual, graças a uma reação espiritualizante, as cicatrizes e as feridas da perseguição social estão se transformando nos orgulhosos estigmas da imunidade espiritual e da vitória moral. Diante do progresso já alcançado nesta direção, não é mais verdade que a mente Negra está submersa nos seus próprios dilemas sociais a ponto de não conseguir controlar a necessária perspectiva da arte, ou deprimida demais a ponto de não ser capaz de alcançar os amplos horizontes da autocrítica e da crítica social. De fato, pelos indícios e pelas promessas dos raros letrados entre nós, estamos, enfim, espiritualmente livres e oferecemos através da arte uma visão emancipatória para a América. Mas é uma presunção falar por aqueles que, ao selecionarem seus próprios trabalhos, falam de maneira muito mais adequada pela sua própria voz.

APOIADORES

O livro não seria possível sem os 513 apoiadores da campanha de financiamento coletivo realizada entre os meses de junho e julho de 2022 na plataforma Catarse. A todos, um grande obrigado da equipe Pinard.

Adriane Cristini de Paula Araújo
Adriara Ferraz de Oliveira Nunes
Aisha Morhy de Mendonça
Alan Gomes Freitas
Alberon de Lemos Gomes
Aldevany Hugo Pereira Filho
Alessandra Cristina Moreira de Magalhaes
Alessandra da Silva Oliveira Leandro
Alex Simões
Alice Antunes Fonseca
Alice M Marinho Rodrigues Lima
Aline Bernardo
Aline Helena Teixeira
Aline Mota
Aline Santiago Veras
Alline Valverde
Alyne Rosa
Amanda da Silva Rios
Amanda Vasconcelos Brito
Amauri Caetano Campos
Amber Biba Port
Ana Beatriz Ambar
Ana Beatriz Braga Pereira
Ana Cândida Duarte de Souza
Ana Carolina Leal de Oliveira
Ana Carolina Lessa Dantas
Ana Carolina Macedo Tinós
Ana Carolina Ribeiro de Moraes
Ana Claudia de Campos Godi
Ana Hajnal
Ana Luiza Lima Ferreira
Ana Luiza Vedovato
Ana Martins Marques
Ana Paula Ruani
Ana Vitória Baraldi
Anastacia Cabo
André
André Felipe
André Luiz
André Luiz Dias de Carvalho
Andre Molina Borges
Andréa Bistafa Alves
Andressa Mendes Casal
Andressa Merces Reis Silva
Angelita Kazuyo Maeda
Anna Clara Ribeiro Novato
Anna Regina Sarmento Rocha
Anna Rita Dornellas Camara de Almeida
Antonia Mendes
Antônio Carmo Ferreira
Ariane Santana
Aristides Rudnick Jr
Barbara Luiza Krauss
Bárbara Santana Marques de Oliveira
Bárbara Silva Brandão
Beatriz Bento

Beatriz Leonor de Mello
Beatriz Moura dos Santos
Berttoni Cláudio Licarião
Bianca Silva
Bruna Aidar
Bruna Oliveira Tavares
Bruna Soares dos Santos
Bruno Cândido Wanderley
Bruno Fiorelli
Bruno Fiuza
Bruno Novaes Bezerra Cavalcanti
Bruno Sergio Procopio Junior
Bruno Velloso
Bruno Wanzeler da Cruz
Caio Pereira Coelho
Calebe
Camila Condini
Camila Dias
Camila Dias do Nascimento
Camila Karlla
Camila Mayumi Kimura
Camila Miguel
Camila Piuco Preve Camila
Camila Szabo
Carla Curty do Nascimento Maravilha Pereira
Carlos Alberto Farias de Azevedo Filho
Carolina Araújo
Carolina Ferreira
Carolina Kerhart
Carolina Rodrigues
Carolina Sasse
Caroline Domingos de Souza
Caroline Pinto Duarte
Caroline Santos Neves
Catharino Pereira dos Santos
Celso Correa Pinto de Castro
Cesar Lopes Aguiar
Charles Cooper
Christianne Pessoa
Cícero José Figueiredo da Silva
Cintia Cristina Rodrigues Ferreira
Cláudia Lamego
Cláudia Santarosa Pereira
Cristian Monteiro
Crístian S. Paiva
Cristina Lopes
Cyntia Micsik Rodrigues
Daniel Prestes da Silva
Daniel Tomaz de Sousa
Daniela Cabral Dias de Carvalho
Daniela Correia Botelho da Costa Camargo
Daniela Lêmes
Daniela Maia
Daniela Medeiros
Daniele Cristina Godoy Gomes de Andrade
Danielle da Cunha Sebba
Danila Cristina Belchior
Danilo Albuquerque Mendes Castro
Danilo Silva Monteiro
Darwin Oliveira
David Pereira Júnior
Debora Araujo
Débora Barcala
Debora Fonseca Viana
Débora Rodrigues
Demétrio Alves Paz
Denis Jucá
Denise Marinho Cardoso
Desidério de Oliveira Fraga Neto
Diego Domingos
Diego Sanches
Dieguito
Diogo de Andrade
Diogo Ferreira da Rocha
Diogo Gomes
Diogo Souza Santos
Diogo Vasconcelos Barros Cronemberger

Dk Correia
Durmar Martins
Edielton de Paula
Edras Ribeiro Simões
Edson Augusto Vicente
Eduardo Krause
Eliana Maria de Oliveira
Eliane Barros de Oliveira
Eliane Carvalho
Elis Mainardi de Medeiros
Eliziane de Sousa Oliveira
Elton Alves do Nascimento
Erick Oliveira
Estephano Sant'Anna
Evan Rush
Evandro José Braga
Evelly Silva
Fabiana Bigaton Tonin
Fabio Correa
Fábio Sousa
Felipe Brito
Felipe Costa Bandeira de Mello
Felipe de Camargo Melhado
Felipe Junnot Vital Neri
Fernanda Espírito Santo Silva
Fernanda Martinez Tarran
Fernanda Yumi
Fernando Bueno da Fonseca Neto
Fernando da Silveira Couto
Fernando José da Silva
Fernando Luz
Fernando Oikawa Garcia
Flávia Kimie Tomita
Flavia Palhares Machado
Francisco Alexsandro da Silva
Francisco de Assis Rodrigues
Francisco Igor da Silva Lima
Frank Gonzalez Del Rio
Fred Vidal Santos
Gabriel Amato Bruno de Lima
Gabriel Barenco
Gabriel da Matta
Gabriel Dottling
Gabriel Pinheiro
Gabriela da Costa Silva
Gabriela Guedes Maia
Gabriela Guimarães
Gabriela Maris
Gabriela Tosi de Araújo
Gabriela Viveiros
Gabriella Malta
Geonir Edvard Fonseca Vincensi
Geraldo Penna da Fonseca
Germana Lúcia Batista de Almeida
Geth Araújo
Gilberto Junior
Giovanna Fiorito
Gisela de Lamare de Paiva Coelho
Giuliana de Lima Julião
Glenda Freitas
Guilherme Onofre Alves
Guilherme Silva
Guilherme Torres Costa
Guilherme Zaccaro
Gustavo Bueno
Gustavo Jansen de Souza Santos
Gustavo Pavanetti
Gustavo Peixoto
Gustavo Primo
Gustavo Stephani Pimenta
Hádassa Bonilha Duarte
Helena Chagas
Helena Coutinho
Henrique de Villa Alves
Herivelton Cruz Melo
Hugo Rodrigues Miranda
Iago Silva de Paula
Igor Macedo de Miranda
Isabel Lauretti
Isabela Cristina Agibert de Souza
Isabela Dantas
Isabela Romeiro Simões Cintra Rosa

Isabela Talhaferro
Isabella Moutinho
Isabella Noronha
Isabelle Swellen Ribeiro Lopes de Souza
Ivan Chagas
Izabel Lima dos Santos
Izamara Ferreira Silva
Jacqueline Fernanda Kaczorowski Barboza
Jade Martins Leite Soares
Jamile Almeida Silva
Jamilly Izabela de Brito Silva
Jan Gustave de Souza Havlik
Janaina Adão
Janaina Lima
Janderson Soares Silva
Janine Soares de Oliveira
Jaq Mendes
Jean Ricardo Freitas
Jéssica Caliman
Jessica Caroline dos Santos Simplicio
Jessica Caroline Pessoa Santos
Jéssica Santos
Jéssica Vaz de Mattos
Joabe Nunes
Joana Mutti Araújo
João Artur de Oliveira Almeida
João Pedro Rudrigues de Souza
João Vítor de Lanna Souza
Jonas Vinicius Albuquerque
Jorge Alves
Jorge Henrique Vieira Santos
Jose Americo dos Santos Filho
José Antonio Assis
José de Carvalho
Jose Gomes Menezes
José Guilherme Pimentel Balestrero
José Lucas Santos Carvalho
José Mailson de Sousa
Jose Paulo da Rocha Brito
Juan Eduardo Apablaza
Júlia Costa Rosas
Julia Santos
Juliana Campos Alvernaz
Juliana Pavão
Juliana Silveira
Juliana Vieira
Julius François Cunha dos Santos
Junia Botkowski
Kalina Vanderlei Paiva da Silva
Karen Marcelle Mattos Fonseca Beijer
Karina Aimi Okamoto
Karina Pizeta Brilhadori
Karina Silva Rosa
Karla Galdine de Souza Martins
Karyn Meyer
Keila.Brunaalmeida@Gmail.Com
Lara Almeida Mello
Lara Ferreira de Almeida Gomes
Lara Maria Arantes Marques Ferreira
Lara P. Teixeira
Larissa de Almeida Isquierdo
Larissa Sanches Paulino
Larissa Vannucci
Laura de Araújo
Laura Hanauer
Laura John Tonding
Laura Scaramussa Azevedo
Leandro Ferreira da Silva
Leila Brito
Leila Maria Torres de Menezes Flesch
Leíza Rosa
Letícia Bueno Cardoso
Letícia Féres
Letícia Simões
Liana Sayuri
Lígia Medeiros Nascimento Silva

Lília Guedes Carvalho
Lilian Resende Cabral
Lilian Vieira Bitencourt
Lívia Revorêdo
Liz Ribeiro Diaz
Luana Suzina
Lucas Freitas
Lucas José
Lucas Nathan Oliveira de Mello
Lucas Rossi
Lucas Yashima Tavares
Luciana Almeida Piovesan
Luciana Harada
Luciana Moraes
Luciene Assoni Timbó de Souza
Luis Lucas Borges da Silva
Luís Otávio Felipe Ribeiro
Luísa de Freitas
Luisa Müller Cardoso
Luisa Primo Rabelais
Luiz Eduardo dos Santos Tavares
Luiz Felipe Ramos Ferreira
Luiz Kitano
Luiz Pereira
Luíza Dias
Lukas Godoy
Lvpvs Voltolini
Maíra Leal Corrêa
Maisa Carvalho
Marcela Lanius
Marcela Santos Brigida
Marcelo Bueno Catelan
Marcelo Gabriel da Silva
Marcelo Kenjy Kennedy Yamashita
Marcelo Medeiros
Marcelo Ottoni
Marcelo Penteado Coelho
Marcia Regina Dias
Marcia Rigato
Marcos Alexandre
Mari Fátima Lannes Ribeiro
Maria Aparecida Cunha Oliveira
Maria Augusta Gomes Martins
Maria Carolina Oliveira
Maria Celina Monteiro Gordilho
Maria Clara Machado
Maria Eduarda de Quadros Dias
Maria Fernanda Oliveira
Maria Ferreira
Maria Luiza Maia
Maria Paula Villela Coelho
Maria Vitória e Altina Rodrigues
Lima dos Santos
Mariah Klüsener Pinheiro
Mariana Abrahao
Mariana Bolfarine
Mariana Bortolotti Capobiango
Mariana Bricio Serra
Mariana Dal Chico
Mariana Vilas Boas Silva
Marianne Teixeira
Marilia Francesconi Felicio
Marina Farias Rebelo
Marina Galleazzo Martins
Marina Pereira Certo
Marina Silva Bichued
Marisa de Souza Cunha Moreira
Marise Correia
Marjorie Sommer
Maryna Meireles Prado
Mateus Duque Erthal
Mateus Gomes Sepúlvida dos Reis
Mateus Trinta Bruzaca
Matheus Augusto F. M. Alvarenga
Matheus Goulart
Matheus Peleteiro
Matheus Philippe de Faria Santos
Matheus Sanches
Mayandson Gomes de Melo
Mayara Barros
Melissa Barth
Mellory Ferraz Carrero

Meriam Santos da Conceicao
Milena de Carvalho Martins
Mirella Maria Pistilli
Miriam Borges Moura
Miriam Paula dos Santos
Miro Wagner
Mônica Geraldine Moreira
Monique de Aguiar Mendes
Monique D'Orazio
Monique Karen da Silva Melo
Myllena
Naiana Pereira
Nalu Aline
Natália Alves dos Santos
Natalia Chaves Oliveira
Natalia Feitosa
Natalia Ferreira
Natasha Karenina
Nathália Mg
Nathalia Oliveira de Barros Carvalho
Nathália Petriz
Nathália Torrente Moreira
Nathan Matos
Nayara da Silva Santos
Nicalle Stopassoli
Nielson Saulo dos Santos Vilar
Nilton Resende
Nina Araujo Melo Leal
Nina Rodrigues
Nise Guimarães
Olivia Frade Zambone
Osvaldo S Oliveira
Otávio Guimarães Tavares
Pablo Otto
Pamella Caroline Alberti Moreira
Paola Borba Mariz de Oliveira
Paola Oliveira
Patricia Quartarollo
Patrícia Reis
Paula Cyrillo Gomes
Paula Lemos
Paulo Olivera
Paulo Vaughon Santana
Pedro Américo Melo Ferreira
Pedro Cavalcanti Arraes
Pedro Fernandes
Pedro Figueiredo
Pedro Henrique Viana de Moraes
Pedro Pacifico
Pricilla Ribeiro da Costa
Priscila Finger do Prado
Priscila J.S.Oliveira
Priscila Sintia Donini
Queniel de Souza Andre
Rafael Müller
Rafael Padial
Rafael Theodor Teodoro
Rafaela de Oliveira Massi
Rafaella Faversani Schmitt
Raissa Barbosa
Raphael Scheffer Khalil
Raquel Marina
Raquel Mayne Rodrigues
Raquel Nogueira R Falcão
Raul Chatel
Rebeca Muller
Rebeca Waltenberg
Reges Mesquita Aragão
Regina Kfuri
Renata Aloise
Renata Bossle
Renata Flavia da Silva
Renata Sanches
Renato Bittencourt Gil
Renato Tapioca Neto
Rhayssa Félix
Ricardo Bechelli Barreto
Ricardo Braga Brito
Ricardo Moura
Ricardo Pimentel
Ricardo Tadeu Penitente Genelhú
Rickson Augusto

Rita de Fátima da Silva de Oliveira
Roberta de Matos Vilas Boas
Roberta Fabbri Viscardi
Roberta Lima Santos
Robson dos Santos Almeida
Rodrigo Aguiar de Melo
Rodrigo Kreis de Paula
Rodrigo Machado Maia
Rodrigo Robin de Oliveira
Rodrigo Souza
Rogério Mendes
Rômulo Barreto Mincache
Ruben Maciel Franklin
Sabrina Jacques
Samuel Caetano
Samuel Vitor de Paula
Samuely Laurentino
Sandy Pombo
Sarah Azevedo
Sergio Klar Velazquez
Sergio L. Barboza
Sérgio Salomão de Sena
Silvana S. Lima
Silvia Massimini Felix
Silvia Pamplona de Araujo
Simone da Silva Ribeiro Gomes
Stephanie Lorraine Gomes Reis
Sulaê Tainara Lopes
Tatiana Rocha de Souza
Tayana Oliveira de Almeida
Telma Franco Diniz
Tereza Raquel Pereira da Costa
Thaís Campolina Martins
Thais da Silveira Pereira
Thaís Dias do Carmo
Thaís Ynaê
Thales Veras Pereira de Matos Filho
Thiago Almicci
Thiago Cerqueira
Tiago Coelho Fernandes
Tiago Germano
Tobias V.
Valquiria Gonçalves
Vanessa Ramalho Martins Bettamio
Vanessa Santa Brigida da Silva
Victor Cruzeiro
Victor Lopes E Silva
Victor S. Lopes
Vinícius Hidemi Furucho
Vinicius Lazzaris Pedroso
Vinícius Ludwig Strack
Vitória Rugieri
Viviane Tavares Nascimento
Wagner Moraes
Walter Alfredo Voigt Bach
Weslley Silva Ferreira
William Magalhães
William Santana Damião
Ygor Amarante Rodrigues Gouvêa
Yuri Florentino

Grafia atualizada segundo o Acordo Ortográfico da Língua Portuguesa de 1990, que entrou em vigor no Brasil em 2009.

EDIÇÃO Igor Miranda e Paulo Lannes
TRADUÇÃO DOS POEMAS Leo Gonçalves
TRADUÇÃO DA PROSA Davi Boaventura
REVISÃO POÉTICA E PREFÁCIO Ricardo Aleixo
APRESENTAÇÃO Leo Gonçalves
PROJETO GRÁFICO Flávia Castanheira
COMUNICAÇÃO Paulo Lannes e Pedro Cunha

Dados Internacionais de Catalogação na Publicação (CIP)

Hughes, Langston, 1901-1967
O negro declara e outros poemas / Langston Hughes
tradução: Leo Gonçalves
1ª edição. São Paulo: Pinard, 2022.

ISBN 978-65-995810-6-9

1. Poesia norte-americana I. Título.
22-128974 / CDD-811.3

Índices para catálogo sistemático:
1. Poesia: Literatura norte-americana 811.3
Aline Graziele Benitez [CRB-1/3129]

PINARD

contato@pinard.com.br
instagram@pinard.livros

@pinard.livros

Impresso em novembro de 2022, após difícil eleição
que encerra em uma das presidências mais cruéis e
ineficientes que já passaram pela república brasileira.
A pandemia do coronavírus se aproxima do fim com
cerca de 690 mil mortos no Brasil e mais de 1,07 milhão
vitimados nos Estados Unidos da América.

COMPOSTO EM Nocturno Pro
IMPRESSÃO Gráfica BMF
PAPEL Pólen Bold 90g/m²